I

II

Elitheo Carrani

La psicoanalisi del Buddha
e
Il peccato originale

L'origine della sofferenza umana
nascosta
nel Giardino dell'Eden

IV

INDICE

Capitolo 4 - Filosofia, Psicologia, Religione....89

Capitolo 5 - La Libertà dal Bene e dal Male...119

Conclusioni.......................................139

Introduzione

Se vi siete mai avvicinati ad argomenti riguardanti la crescita personale, la scoperta di sé stessi, lo scopo e il fine della vita, con ogni probabilità vi siete trovati a leggere argomenti, libri o pubblicazioni che trattano di psicologia, filosofia occidentale od orientale e/o naturalmente di religione.

Sono, come tutti sappiamo, campi che vengono definiti umanistici, in quanto indagano l'uomo e la sua cultura, nelle diverse sfaccettature.

Normalmente e abitualmente, i campi vengono considerati separati, ben distinti. Chi si occupa di psicologia, vuole mantenere il suo campo ben definito e mantenergli un'aura di "scientificità" che non si sognerebbe mai di attribuire alla filosofia o alla religione.

Allo stesso modo chi si occupa di filosofia, non ama che la sua disciplina, così eminentemente speculativa e razionale, abbia a che fare con la religione, spesso vista come un'area contaminata da tali e tante concezioni artificiose, indimostrate e indimostrabili, tali e tanti fanatismi e irrazionali emotività, che la fanno assimilare ai suoi occhi molto spesso alla magia e alla superstizione o nella migliore delle ipotesi, materiale di studio per l'antropologo.

D'altronde i religiosi aberrano spesso, anche se non sempre, contaminare la purezza del messaggio trascendente proveniente dal Messia o Profeta di turno, con le peccaminose, egocentriche e spesso atee considerazioni ed elucubrazioni dei filosofi, e meno ancora amano mettersi ai raggi x degli psicologi e degli psicoanalisti, così insopportabilmente carichi di spocchia e scetticismo.

Così, pur trattando tutti il medesimo soggetto, l'uomo, ognuno ama rimanere nel suo piccolo regno, dove considerazioni e punti di vista eterodossi non abbiano cittadinanza.

Ciò che vi apprestate a leggere va proprio nella direzione opposta: qui si affronterà il tentativo di illustrare come la contiguità tra queste diverse discipline sia così forte da farci dire che in buona sostanza, filosofia, psicologia e religione sono nomi diversi per indicare la stessa cosa o almeno per indicare la stessa cosa, vista da punti di vista diversi.

Questo lavoro però, non ha come scopo unico, quello di provare ciò che è stato appena enunciato, ma anche e soprattutto di fornire una nuova interpretazione, in quest'ottica, di quello che è definito "Il peccato originale".

E' proprio l'interpretazione del famosissimo passo del libro della Genesi della Bibbia che prova la sostanziale sovrapposizione tra Psicologia, Religione e Filosofia.

Capitolo 1

Mente e genesi della sofferenza

Lo scopo di questo lavoro è quello di guidare il lettore lungo un percorso che lo porterà alla comprensione e alla chiarificazione di **quale sia la vera radice, la vera causa, del dolore e della sofferenza** e quale siano gli errori più comuni che tutti noi facciamo nella vita di tutti i giorni, e che ci portano poi a vivere in modo difficile e conflittuale i rapporti con gli altri e con noi stessi.

Vi renderete conto che buona parte delle cose che verranno spiegate e delle affermazioni che saranno fatte in queste pagine sono già state spiegate e affermate in passato, e anche oggi, da studiosi, filosofi, saggi, pensatori, poeti, psicologi e guide spirituali.

Alcuni aspetti che porremo in evidenza sono in effetti ampiamente già sotto gli occhi di tutti, ma, per qualche strana ragione, non si è ancora giunti, almeno all'interno del Cristianesimo, ad una enunciazione di fondo del concetto, chiaro e semplice , che spiega il tutto.

L'approccio scelto di tipo "psicologico" ci è sembrato il più adatto al lettore per meglio esporre la nostra interpretazione del passaggio della Genesi che illustra il peccato originale.

1.1: Ciò che già sappiamo sulla mente

Vi sono alcune conoscenze circa il funzionamento della mente che potremmo definire addirittura "popolari". Sappiamo per esempio molto bene che nella nostra vita vi sono, e vi sono state, **esperienze fisiche che consideriamo piacevoli,** ed altre che consideriamo spiacevoli. Ad esempio poter mangiare quando si ha fame è certamente un'esperienza fisica che possiamo definire estremamente piacevole, così come poterci riposare e dormire profondamente dopo una faticosa giornata.

Esistono anche **esperienze psicologiche piacevoli** come ad esempio ascoltare la musica che preferiamo, o leggere un libro che ci interessa e così via. D'altro canto vi sono anche **esperienze fisiche spiacevoli** come rimanere feriti per un incidente, ammalarsi anche lievemente o, per tornare agli esempi fatti sopra, non mangiare quando si ha fame e non dormire quando si ha sonno. Vi sono anche **esperienze psicologiche spiacevoli:** sentirsi rifiutati da chi si ama, sentirsi odiati ingiustamente, avere rimorsi per qualcosa.

Senza dubbio tutti noi conosciamo queste reazioni e queste esperienze in via diretta o indiretta.

Forse però non ci siamo mai fermati a chiederci in profondità: perché reagiamo così?

1.2: Il principio del piacere e del dolore

Tutti noi abbiamo le nostre idee circa ciò che è piacevole e ciò che non lo è. Esistono però due grandi categorie delle nostre esperienze di vita che

4

naturalmente distinguiamo, potremmo definire *istintivamente:* il dolore e piacere **fisico** e il dolore e piacere **mentale**.

E' certamente indiscutibile che rompersi una gamba è un esperienza spiacevole e che bere quando si ha sete è sicuramente un'esperienza piacevole.

Questa concordanza di opinioni si verifica sempre quando si ha a che fare con il corpo e la fisicità; tale fatto non è evidentemente casuale: **il corpo é biologicamente progettato per evitare il dolore e per perseguire il piacere.** Questo fatto è tranquillamente accettato da tutti gli studiosi di scienze biologiche e naturalistiche; è d'altra parte noto a tutti che il dolore fisico ha proprio la funzione di segnalare all'organismo che c'è qualcosa che non va e che deve essere bloccato o risolto.

Meno evidente da esplicare è come anche sotto l'aspetto psicologico (o se preferite spirituale) l'uomo sia alla ricerca del piacere. Il piacere psicologico non è così universalmente riconosciuto come omogeneo nell'uomo: vi sono persone che impazziscono per il football, altre che amano gli scacchi, altre ancora andare a teatro; i pareri su quest'argomento sono abbastanza diversificati.

Evidentemente **c'è qualcosa di differente** nella percezione del piacere quando si parla della sua dimensione psicologica: qual è questa differenza?

Esiste evidentemente un altro elemento che induce questa diversità di valutazione. Quando non si ha più a che fare con il corpo fisico, le omogeneità spariscono, é in gioco un fattore diverso: la mente.

1.3: La mente umana

La mente umana è, come tutti sappiamo complessa e articolata, sia nella struttura che nel suo funzionamento.

Cosa succede nella mente per determinare la diversità di gusti, preferenze, interessi? Cosa trova una persona di attraente ad esempio nel football che invece un altro essere umano trova detestabile o comunque privo di interesse? Per dare delle risposte precise, occorre partire prima da ciò che danneggia la mente.

1.3.1: il danno mentale

Gli eventi che maggiormente possono provocare gravi perturbazioni mentali sono innanzitutto gli shocks **fisici** violenti (traumi, incidenti, operazioni chirurgiche, malattie neurologiche e/o degenerative, elettroshocks, droghe pesanti).

Esiste però, oltre a quest'area di eventi fisicamente traumatici, un'altra area di shocks, che potremmo definire **mentali**, per distinzione dai precedenti, e che nondimeno possono causare gravi danni al funzionamento della mente. Si tratta di tutte le esperienze cariche di emozioni (principalmente classificabili come negative, ma sono da includere anche alcune classificabili come positive) che possono produrre un sovraccarico emozionale. Le situazioni che possono produrre tali effetti vanno per esempio da esperienze di rischio di morte (ad es. incidenti stradali) a perdite gravemente sciocanti per la psiche (es.: morte di un coniuge o

6

di un familiare) o comunque in grado di perturbare seriamente il "profondo" di una mente.

Quindi, sia gli eventi **fisicamente** traumatici che gli eventi **emotivamente** traumatici, sono in grado di danneggiare la psiche, la mente di una persona.

Per convincersene basta ricordare quali devastazioni mentali abbiano subito ad esempio i reduci di guerra che hanno vissuto situazioni altamente pericolose per la propria vita o abbiano riportato ferite in combattimento che anche se guaribili, hanno lasciato segni indelebili nella psiche e, allo stesso modo, come i bambini maltrattati possano molto spesso riportare danni mentali gravissimi, spesso irreparabili.

D'altro canto sappiamo che anche situazioni affettivamente e/o emozionalmente difficili possono creare danni considerevoli: dalla spiccata introversione a fobie, fissazioni, nevrosi ed anche psicosi a varia denominazione. A tale riguardo esiste una vastissima catalogazione psichiatrica delle diverse affezioni mentali, così vasta in verità da far dubitare di essere essa stessa una catalogazione.

A dirla tutta la comunità scientifica pur identificando ed anche affrontando con un certo successo alcune affezioni, non sembra francamente aver trovato una via maestra in grado di portare ad una semplificazione e identificazione della **genesi** dei disturbi mentali; in altre parole non esiste ancora una risposta univoca alla domanda: **cosa hanno in comune i disturbi mentali?**

Come forse saprete sono state date spiegazioni diverse; Sigmund Freud, il padre della Psicoanalisi, ha effettuato un lavoro di indagine ed interpretazione monumentale, introducendo il concetto di *libido* ed analizzando i flussi di questa forza vitale per spiegare la genesi dei disturbi mentali;[1] altri si sono concentrati su differenti concetti[2] che fanno riferimento a diverse categorie del pensiero

La corretta domanda da porsi ci pare la seguente: **c'è in comune qualcosa che alimenta, genera, determina l'insorgere della sofferenza mentale?**

Se esistesse una risposta a questa domanda, verrebbe trovata **la causa della sofferenza, della nevrosi, della disperazione, della follia; in una parola la causa del dolore nell'uomo.**

1.3.2: la causa del dolore

Abbiamo affermato come sia le esperienze di dolore fisico che le esperienze di dolore mentale, siano entrambe responsabili dell'insorgenza dei disturbi mentali; ciò che però è sembrato mancare è la radice comune, la genesi per così dire, che possa spiegare la causa di fondo. Cosa c'è di comune ?

Per quanto riguarda i gravi disturbi causati dagli shocks fisici violenti, essi hanno in sé un contenuto

---

[1] ...[...].La risposta alla domanda "Perché insorge la malattia nevrotica?" sia da ricercare essenzialmente in un elemento quantitativo, cioè nel carico complessivo di energia che il sistema nervoso si trova a sopportare in rapporto alla sua capacità di resistenza. Giocano qui, senz'altro, i principi regolatori dell'energia fisica (conservazione, costanza, minima tensione) estesi a quella psichica tramite la mediazione della neurologia. (Vegetti Finzi, Silvia - Storia della Psicoanalisi (1986), capitolo 4 - la pratica freudiana: nosografia e tecnica, pag.45)
[2] si veda ad esempio Jung e il concetto di archetipo in Vegetti Finzi opera cit. pag.134-136

chiaro ed univoco: **rappresentano un punto di alto rischio per la sopravvivenza dell'organismo della persona**;

Un'ipotesi che ci ha guidato è stata la seguente: se nei casi più evidenti grande importanza è da attribuire all'alto rischio di sopravvivenza, non può darsi che lo stesso fattore sia presente anche nella sofferenza mentale per così dire "normale"?

In realtà **esiste una causa comune nella genesi della sofferenza mentale.**

1.4. il livello delle aspettative e la sofferenza mentale

Un esempio che ci può aiutare nel mettere a fuoco il problema è dato dalle depressioni psichiche. In questi stati psichici ci si ritrova sempre con una diminuita voglia di vivere: la vita non ha più senso, è considerata orribile, non degna di essere vissuta; spesso è alle porte anche un desiderio di suicidio, visto dal depresso come unica via di uscita dal suo stato di sofferenza.

In realtà gli elementi che indicano un collegamento con il concetto di sopravvivenza sono abbastanza evidenti: la sofferenza mentale, così come evidentemente quella fisica, hanno in sé connaturato *l'impoverimento della qualità della vita* che il sofferente sta sperimentando; ciò in concreto significa abbassamento del tono di vita in generale e quindi *avvicinamento alla condizione di non sopravvivenza*; tale condizione per giunta si autoalimenta a livello mentale, spingendo così la persona verso una situazione sempre peggiore.

Nella depressione ad esempio abbiamo, dapprima *un evento* che la persona vive come **preclusivo delle sue personali aspettative sulla vita**, poi abbiamo il **radicamento** nella mente della convinzione che le precedenti aspettative non possano essere ripristinate, **quindi** l'affioramento della depressione come **inaccettabilità della nuova situazione esistenziale**; a questo punto entra in azione la spirale discendente alimentata dalla consapevolezza della persona del suo stato di sofferenza da cui non riesce ad uscire, portando quindi il soggetto ad **essere depresso per essere depresso** e ad essere depresso per i disturbi fisici e mentali che questo stato emotivo comporta.

Alla base di questo ciclo della sofferenza vi è in realtà un'aspettativa di vita che viene percepita dal sofferente come non più realizzabile; tale presa di coscienza determina un'idea di **rischio di non sopravvivenza**. In termini schematici abbiamo un percorso di questo tipo:

evento "negativo"

caduta delle aspettative previste di vita

convinzione della impossibilità di mantenere il precedente livello di aspettativa

⇩

non accettazione della nuova situazione

depressione

⇩

depressione per lo stato depressivo e per l'incapacità di uscirne

⇩

spirale discendente e cronicizzazione dello stato

La maggior parte di noi affronta la vita con determinate aspettative, o se le crea strada facendo. Ci aspettiamo prima di tutto la salute, poi riteniamo perfettamente normale aspettarci di essere amati dalle persone che amiamo, ci aspettiamo poi di incontrare l'amore con la A maiuscola, inoltre noi stessi desideriamo essere eccezionali, unici, intelligentissimi, originali, ricchi, colti, eccetera.

Forse stiamo un poco esagerando è vero, ma siamo sinceri, non siamo poi così lontani dalla verità sulle nostre elevatissime aspettative sulla vita.

Questi (od altri) livelli di aspettative vengono però il più delle volte pesantemente disattesi; a volte possiamo serenamente accettarlo nel nostro intimo, e allora i danni sono minimi, ma altre volte non ce la facciamo, si rompe qualcosa al nostro interno e diciamo "no, questo no". Possono essere cose gravissime come la scomparsa di persone vicine, la morte di un figlio, gravi infermità, cose cioè che non rientrano in quanto noi siamo normalmente disposti ad accettare nel nostro inconscio. Oppure possono essere situazioni apparentemente più leggere, come una delusione amorosa, un tradimento di un amico, qualcosa che però alla persona che lo subisce appare **insopportabile.**

Questo è un aspetto interessante, da tenere ben presente: situazioni diverse, eventi di gravità molto diversi, possono produrre gli stessi effetti mentali, mentre eventi simili non sempre causano uguali reazioni e danni.

Ciò è dovuto al differente livello di aspettative che le persone hanno nei confronti della vita.

La caduta delle aspettative che, consciamente o inconsciamente, abbiamo circa la nostra vita, ha a che fare con il nostro concetto di sopravvivenza. Nel caso in cui l'evento sia fisicamente perturbativo, tutte le menti, tendenzialmente reagiscono in modo simile: è *oggettivamente* il rischio di sopravvivenza fisica che è in gioco. Quando invece l'evento è completamente nella sfera mentale, è *soggettivamente* coinvolta l'idea della *qualità* della sopravvivenza. Questa soggettività investe l'idea stessa di come deve esser la vita della persona.

Ciò che ci aspettiamo di realizzare è in realtà ciò che ha potere su di noi.

Nella misura in cui desideriamo avere certe cose, raggiungere certi risultati, diventare ciò che sogniamo di diventare (ricchi, laureati, dirigenti, belli, ammirati, sposati, amati, eccetera.) siamo in potere di questi desideri, fino a quando non siano stati soddisfatti o fino a quando non si cessi di desiderarli.

Probabilmente alcuni, si sentiranno colpiti da queste considerazioni: "come, dovrei rinunciare a desiderare quella posizione professionale, quella persona, quell'auto, quel denaro? Ma non riuscirei più a vivere! Che senso ha la vita senza un obiettivo? Che gusto ci sarebbe?"

In realtà le cose non stanno proprio così: l'idea di non riuscire a vivere senza impellenti desideri è appunto un'idea, nulla di più che un'idea.

Provate a pensare ad un desiderio che **non** avete: se per esempio **non** vi interessa diventare un musicista, vi sentite forse tristi o insoddisfatti o infelici rispetto all'idea di non diventare musicisti? Influenza in qualche modo il vostro stato d'animo? No, vero?

Provate a seguire questa situazione simulata, e forse la cosa vi sembrerà più chiara.

Immaginate di fare una tranquilla passeggiata nel verde di un piccolo parco in una bella e fresca mattina di primavera; immaginate di prendere in considerazione l'idea di diventare (se in realtà **non** vi interessa) un valente violinista, e di prendere in considerazione il concetto che non ci riuscireste mai: la cosa vi sconvolge? Vi sentite turbati, tristi, infelici? Forse non vi accorgete più della bella giornata che vi circonda? Non apprezzate più la freschezza della brezza mattutina? Non apprezzate più il verde dei prati intorno a voi? No, in realtà non cambia il vostro stato d'animo, e non venite turbati affatto, perché quell'idea non è un vostro desiderio, una vostra **pulsione,** una vostra **passione**. Rimarreste comunque sereni e contenti.

Volete una controprova? Provate a seguire quest'altra "simulazione".

Provate a pensare a qualcosa che volete realizzare e a cui tenete molto, moltissimo; qualcosa che "avete nel sangue", che rappresenta per voi tantissimo: ipotizziamo che sia qualcosa che riguarda solo voi stessi e non qualcuno della famiglia, che sia cioè qualcosa che soddisfi il vostro ego, poniamo per esempio che sia la vostra promozione a quella posizione di *responsabile* a cui mirate da tanto. Bene, siete lì che state passeggiando nel piccolo parco, tranquilli e di buon umore, godendovi la giornata splendida. Anzi la giornata è ancor più splendida perché state pensando che nel lavoro
14

state andando bene e che il capo in testa vi "vede" bene. Quel posto di responsabile è vicino, davvero vicino. Ad un tratto un pensiero, una considerazione, una cosa che vi era sfuggita: avete improvvisamente ricordato che il capo in testa che *decide* della vostra promozione, ha appena avuto un figlio e sua moglie, che risiede in un'altra città, ha sempre protestato per la vita da pendolare che fa il marito; e lui circa un anno fa, a quel pranzo, vi aveva confidato che se avesse avuto un figlio, lui avrebbe scelto di stare vicino a sua moglie e l'avrebbe finita con quella vita; aveva già dei buoni agganci presso la sua città e avrebbe lasciato l'azienda.

Ma se questo accadesse il suo posto lo prenderebbe quel tirapiedi dell'altra divisione che non vi può vedere! E se questo accadesse, a quel posto che spetta a voi ci andrebbe il suo pupillo! Pensereste: sono fregato! Quello diventerebbe il mio capo, ed io rimarrei dove sono adesso.

A questo punto pensate che riuscireste ancora a godervi la giornata? Riuscireste ad accorgervi ancora della bella fresca mattina e del piccolo parco in fiore?

Questo è il potere che il livello delle aspettative ha sulla psiche.

Il livello di aspettative determina una serie di condizioni mentali a cui la persona si assoggetta, dando a queste *potere* sulla mente stessa, e quindi sulla psiche della persona. Tale potere è in grado di rovinare un'esistenza.

E' attraverso questo processo che si avvia il meccanismo dell'ambizione: attraverso la creazione di aspettative va a determinarsi il livello e la composizione dell'ambizione. Ciò a cui si ambisce può essere molto diverso da persona a persona, ma ciò che le ambizioni hanno in comune è la convinzione che ciò a cui si ambisce sia **bene** per la persona. Forza, Bellezza, Status, Potere, Sopravvivenza, Ricchezza ma anche Riconoscimento, Leadership, Amore, Ammirazione, Immortalità. Tutti questi sono obiettivi determinati da aspettative e appartengono alla categoria del BENE.

La categoria del BENE include tutti i concetti di sopravvivenza, e dei suoi sinonimi.

Osservate queste due colonne di termini:

forza	*debolezza*
bellezza	*bruttezza*
potere	*schiavitù*
sopravvivenza	*morte*
amore	*odio*
ammirazione	*disprezzo*
leadership	*sudditanza*

Più possediamo elementi nella nostra vita appartenenti alla seconda colonna, più la nostra vita è in pericolo; quanto più possediamo elementi nella nostra vita appartenenti alla prima colonna, quanto più ci allontaniamo dal pericolo di morte. Quanto più ci allontaniamo dal pericolo di morte, più ci avviciniamo al più ancestrale e profondo dei nostri desideri: la vita eterna. Tutto ciò che è sinonimo di morte e cioè di non esistenza, è costantemente allontanato, evitato, sfuggito. Viceversa tutto ciò che è sinonimo di vita è fortemente desiderato, voluto, ricercato, preteso.

Osserviamo qui solo incidentalmente (ne parleremo ampiamente più avanti) che il maggior premio delle religioni è la Vita Eterna: nel Cristianesimo, nel Musulmanesimo, nell'Induismo, nel Buddismo (il Nirvana) ecc. ecc.

Capitolo 2

Il desiderio e la psicoanalisi del Buddha

2.1 Aspettative e desiderio

Il livello di aspettative che va formandosi nella nostra vita, fa sì che nascano dei desideri, delle pulsioni al loro raggiungimento che, come detto, hanno potere sulla nostra mente, su di noi.

Il livello delle **aspettative**, diventato successivamente **desiderio**, e poi **pulsione**, va a determinare una situazione di *reale dipendenza, di schiavitù della mente*, che rimane invischiata in pensieri ossessivi circa il raggiungimento di ciò che essa desidera. E' pur vero che esiste sempre la possibilità che il desiderio venga soddisfatto, che l'aspettativa sia appagata e che quindi la tensione, la sofferenza, lo sforzo si possa placare. Ma è altrettanto vero che fino a quando ciò non avviene, il desiderio di appagare le nostre aspettative ci mantiene in costante apprensione, lotta e sofferenza, fino al soddisfacimento delle stesse. Anche quando però queste vengono raggiunte, incapaci di vivere senza obiettivi da perseguire che impegnino la mente, dopo un breve lasso di tempo ce ne cerchiamo dei nuovi , e il ciclo ricomincia, in una situazione di costante tensione psichica, di dipendenza dai desideri che si hanno, e che di fatto precludono la nostra capacità di godere della vita in quanto tale, anche se in effetti non necessiteremmo realmente di raggiungere gli obiettivi che ci siamo prefissi.

Oltre a ciò tale condizione di desiderio continuo porta facilmente a procurare sofferenze e infelicità a coloro che, volenti o nolenti, si trovano ad essere ostacolo al raggiungimento delle aspettative che ci siamo formulate.

E', in effetti, una corsa senza fine, come un asino che viene fatto correre da chi è in groppa, grazie ad una carota tenuta davanti al suo muso legata ad un bastone con uno spago: correrà sempre senza prenderla mai.

Desideri, aspettative, progetti da realizzare, obiettivi da raggiungere, sono tutte armi a doppio taglio: possono essere raggiunti o no. In un caso come nell'altro i danni possono essere addirittura irreparabili per la psiche e anche per il corpo. Avete mai notato a cosa può portare il desiderio di "fare carriera"? I soldi, il prestigio sociale, il potere, hanno portato a compiere assassinii, stragi, ladrocini, violenze, oppure, per il mancato successo, a depressioni croniche, suicidi, omicidi per vendetta, follie ecc. Oppure pensate ai danni che le aspettative non soddisfatte provocano nel caso di amori non corrisposti, amici perduti, lutti di famiglia (anche la dipendenza affettiva è in realtà un'aspettativa costante che abbiamo verso qualcuno, un *desiderio* di quella persona, una dipendenza da quella persona).

2.2 La sete

Il livello delle aspettative è per così dire un aspetto *evidente* del comportamento umano: tutti noi possiamo riconoscere di avere un certo numero di aspettative riguardo la vita. Ma che cosa c'è che alimenta la nascita di aspettative ed ambizioni varie? Cosa c'è che ci spinge a questi comportamenti?

Le aspettative, i desideri, i progetti, hanno un aspetto affascinante se visti da un punto di vista individuale: porsi degli obiettivi e cercare di raggiungerli è stimolante, motivante, dà entusiasmo, un apparente scopo alla vita. C'è però anche l'altra faccia della medaglia: anche gli altri hanno i loro obiettivi, e spesso possono essere gli stessi che abbiamo noi, e quando avviene che l'obiettivo non sia divisibile, dobbiamo giocoforza lottare per vincere: il **conflitto** è alle porte: qualcuno (più spesso molti) dovrà soffrire.

Fino a quando l'uomo considererà la propria felicità come l'appagamento dei desideri, il mondo sarà sempre teatro di conflitti e sofferenze.

La domanda da porsi è: esiste un modo per vivere felici senza causare dolore ad altri?

Si è scritto e riflettuto molto, in tutta la storia dell'umanità, sull'origine del conflitto tra gli uomini e quindi, in definitiva, sull'origine del Male. Si sono ipotizzate diverse cause scatenanti.

C'è stato chi ha individuato nella **sete di potere** la spinta malvagia verso la sopraffazione e la violenza. In effetti molte situazioni conflittuali, storiche e non, hanno avuto apparentemente questa ragione. Il Terzo Reich, ad esempio, aveva una forte componente di ricerca di potere, ma del resto tutte le storie di dittatori e condottieri (e anche di molti capi di stato di paesi "democratici") sono fortemente caratterizzate in questo senso: Alessandro Magno, Nerone, Attila, Gengis Khan, Napoleone, Hitler, Mussolini, Stalin, e la lista potrebbe continuare, avevano in sé un'incontenibile sete di potere che faceva loro porre in secondo piano i lutti e le sofferenze che comportavano l'appagamento dei loro desideri e il raggiungimento dei loro obiettivi.

Altri pensatori hanno ritenuto corretto identificare nella **lotta per la sopravvivenza** la ragione ultima dei conflitti. In effetti molte situazioni di conflitto (personale o collettivo) possono essere fatte risalire a cogenti ragioni di sopravvivenza: carestie, epidemie, fame, sono tutte ragioni che hanno spostato intere popolazioni a ricercare territori migliori, acqua, pascoli, terre più fertili, scontrandosi con altre popolazioni che non erano disposte a concedere le loro terre ai nuovi arrivati.

Parente stretta di questa è la convinzione che le ragioni delle guerre, siano essenzialmente di **carattere economico**: sarebbe la ricerca della ricchezza e del denaro la causa di tutto. In questo caso saremmo per così dire a metà strada tra i due concetti precedenti: la ricerca della ricchezza è dovuta sia alla ricerca della sopravvivenza sia alla ricerca del potere.

Tutti questi aspetti sono presenti e rappresentano, in effetti, una buona spiegazione del comportamento dell'uomo nella storia, ma non rispondono ad una domanda più di fondo: **perché** l'uomo ha sete di potere? Perché vuole dominare? Perché vuole arrivare ad avere più ricchezza di quanto gli serva fino al punto di provocare la reazione violenta di chi è dominato o povero?

Anche qui sono stati forti ed autorevoli i tentativi di esplicare le ragioni: filosofi, pensatori e illuminati di tutti i tempi hanno capito che la sete di potere andava indagata a fondo per coglierne l'essenza costitutiva. Si sono individuate cause via via diverse: secondo gli studiosi di scienze naturali è un fattore ereditato dal nostro passato animale, ed è in effetti ciò che è rimasto nel nostro codice genetico delle lotte per la dominanza e riproduzione ancora presenti oggi nella vita animale.

2.3. La risposta del Buddha

Come alcuni di voi sapranno, sotto il profilo esistenziale, filosofico e religioso, il Buddismo ha assunto la *sete di vivere*, o meglio la sete in generale, come elemento costitutivo della sofferenza, sì che l'estinzione della sete è essa stessa la via dalla liberazione dal dolore.

Secondo il Buddha (e il Buddismo) al di sotto della sete non c'è nulla che la alimenti: essa è la causa stessa del Male.

Il Buddha iniziò la sua predicazione enunciando le famose Quattro Nobili Verità che danno la spiegazione dell'origine della sofferenza.

Esse sono:
La verità della sofferenza
La verità dell'origine della sofferenza

La verità della cessazione della sofferenza
La verità del sentiero che conduce alla cessazione
  della sofferenza

1. La prima verità è che la vita è sofferenza.
2. La seconda verità è che esiste una causa della sofferenza ed è l'attaccamento all'esistenza stessa.
3. La terza verità è che è possibile mettere fine alla sofferenza eliminando l'attaccamento.
4. La quarta verità è che esiste la via dell'eliminazione della sofferenza e dell'attaccamento ed è l'ottuplice sentiero che rappresenta il Dharma (la legge) del Buddismo.

Il Buddha aveva quindi individuato nell'attaccamento (cioè sete di esistere) alla vita e agli eventi che la contraddistinguono, la causa primaria della sofferenza umana.
La domanda da porsi è: definito che esiste la sete di esistenza, c'è qualcosa che *alla base* la costituisca?
Anche volendo seguire il Buddha, da che cosa è poi originata **la sete?** Esiste un motore primo? E se sì, quale?

In realtà tutto ciò che vogliamo fare nella vita, tutto ciò che desideriamo ottenere, ciò a cui miriamo, è in effetti parte del nostro **desiderio** di vivere, della nostra **sete** di vivere, in altre parole dei nostri **scopi,** del motivo per cui veniamo al mondo. Di fatto la sete è il *motore* della nostra esistenza, ciò che ci consente di perseguire i nostri scopi e i nostri desideri. Ci poniamo cioè degli obiettivi da raggiungere e tali obiettivi, generano, alimentano, indirizzano, la nostra sete di esistere.

Si badi bene che la sete di esistere non necessariamente include evidenti aspetti negativi in sé: il grande pianista, lo scrittore di successo, il grande campione sportivo, il grande manager, i grandi nomi della scienza, della filosofia, della religione, ed anche ovviamente le persone "normali" con le loro normali passioni, non sono certo iatture universali come i grandi dittatori che hanno seminato morte e distruzione nei secoli.

Ciò non toglie, però, che di fatto sono anche queste ultime, **seti di esistenza**, anche se con scopi diversi.

2.4. Le sei fasi di creazione del desiderio

La sete di esistere è comune a tutte le persone, sia, per ora esprimiamoci così, per scopi "buoni" che per scopi "cattivi". Il quesito di fondo che ci stiamo ponendo é: esiste qualcosa che stia *al di sotto* della sete e che cioè la origini, ne sia la causa, o aveva ragione il Buddha, affermando che essa stessa è per così dire, costituente sé stessa? Il punto in discussione non è di pura filosofia, ma ha anzi fondamentali conseguenze sul piano esistenziale di tutti noi, come risulterà evidente se continuerete a leggere.

Se infatti la causa della sofferenza fosse la vita stessa, non esisterebbero molte alternative: occorrerebbe rinunciare a desiderare di vivere per estinguere la sofferenza.

Le cose forse non stanno proprio così.

Procediamo con ordine e logica nell'analisi.

Gli scopi sono creati dai desideri, o sono gli scopi che fanno nascere i desideri ?

Nasce prima l'uovo o la gallina? Se il desiderio nascesse **prima** dello scopo, avremmo, per così dire, un desiderio indeterminato; infatti come può esservi un desiderio senza scopo? Manca con tutta evidenza "la ragione per cui" il desiderio esiste: per essere soddisfatto. Come si può soddisfare un desiderio non formulato da uno scopo da raggiungere? In altri termini, "sotto" il desiderio vi è lo scopo: infatti se si inverte il processo e la sequenza, la logica ci supporta ed è immediatamente più chiara: **prima** nasce lo scopo (dal greco:skopos= bersaglio), **poi** il desiderio di raggiungerlo. Ad esempio prima viene presentata l'automobile da comprare, proponendovi lo **scopo=bersaglio** , poi nascerà (forse) il **desiderio** di comprarla, e poi (forse) si attueranno una serie di azioni per **raggiungere** lo scopo e quindi **soddisfare** il desiderio.

Appurato che esiste una sequenza in cui gli scopi vengono prima dei desideri, esiste però ancora un'altra domanda: **come nascono gli scopi/bersagli?**

Se gli scopi sono logicamente anteriori ai desideri, cosa fa nascere uno scopo? Anche qui la domanda può sembrare un po' capziosa, pignola, ma dalla corretta comprensione di questi processi, dipende direttamente la risposta del perché del dolore nel mondo.

Lo scopo/bersaglio/obiettivo, è in definitiva **un'intenzione** che viene definita sulla base di **un'esigenza** che chi formula lo scopo ha prima avvertito: lo scopo nasce come conseguenza di un'analisi di una situazione che offre come risultato dell'analisi stessa una **mancanza/esigenza** che dev'essere colmata. Rimanendo all'esempio dell'automobile, come risposta ad uno stimolo pubblicitario, la persona può effettuare un'analisi (non importa se di tipo conscio o inconscio, razionale o emotivo) che la può portare alla conclusione che sì, ha bisogno di quel tipo di automobile. L'analisi che porta a questa conclusione può essere molto razionale (è spaziosa, va bene per la famiglia, ci sta anche il cane, è robusta e affidabile) oppure molto emotiva (ci faccio una figurona con i colleghi, faccio colpo sulla ragazza, ecc.) ma porta comunque alla definizione di un'esigenza che prima non era stata formulata.

Risulta quindi evidente che viene prima **l'analisi**, poi **l'esigenza**, poi nasce **lo scopo**; successivamente **il desiderio** di raggiungerlo, quindi **l'azione** per raggiungere lo scopo ed infine **il raggiungimento** dello scopo.

Nel caso dell'acquisto dell'automobile, abbiamo prima **l'analisi** del messaggio pubblicitario, poi la scoperta o constatazione dell'**esigenza** e/o della mancanza dell'auto, poi **lo scopo** di comprare l'auto, poi **il desiderio** di avere l'auto, poi **l'azione** per raggiungere lo scopo (ad esempio risparmiare i soldi necessari), poi **il raggiungimento** dello scopo, cioè l'acquisto.

Sono quindi individuabili sei momenti fondamentali per comprendere l'anatomia del processo della creazione della *sete* che è alla base di tutte le azioni degli uomini (buone o cattive); essi sono:

1. l'analisi (puro processo razionale)
2. l'esigenza (è il risultato dell'analisi)

3. lo scopo (è il momento **nativo** del desiderio ma è ancora un processo razionale)
4. il desiderio (è il momento **emotivo**, è l'energia mentale che si accumula in vista dell'azione)
5. l'azione
6. il raggiungimento

E' importante rendersi conto che il processo in sei fasi vale sempre quando si valuta l'origine del pensiero, delle motivazioni, delle azioni degli uomini; sia quando si tratti di intenzioni "buone", sia quando si tratti di azioni "cattive".

La scoperta che alla base della nascita del desiderio vi sia comunque un primo momento di analisi, di presa di coscienza della possibilità di concepire uno scopo, implica cruciali considerazioni.

Se infatti alla base della nascita del desiderio esiste **prima** un'analisi, ne consegue che alla **radice** vi è sul piano *essenziale* un primo momento puramente concettuale in cui la persona *crea* un concetto (l'idea di **acquistare** un'automobile), la valuta poi creando un'esigenza (**occorre** un'automobile), facendo quindi nascere uno scopo (si **deve comprare** un'automobile) e così via, come visto sopra.

La <u>creazione di un concetto</u> è quindi il momento chiave, quello da cui tutto origina.

Tutte le opinioni, convinzioni, passioni, discussioni, contese, litigi, conflitti, guerre, violenze, sono determinate dai differenti **concetti/idee** che le

28

persone originano e tali idee **precedono** i desideri di attuarle; le idee possono poi trovare altre persone che le condividono, facendo nascere poi **opinioni condivise** che creano **omogeneità culturali**; le omogeneità culturali creano a loro volta **sentimenti di appartenenza,** da cui nascono concetti di **gruppo**; se i gruppi sono di dimensioni rilevanti, possono diventare **popoli** e dare luogo a **nazioni.**

Le **idee** che determinano le aggregazioni possono essere relative a diverse categorie di concetto: possono riguardare il colore della pelle e/o le caratteristiche etniche; abbiamo allora **aggregazioni/culture etnico/razziali** (e facilmente razziste); se le aggregazioni hanno radici economiche (ad esempio stesse idee su come organizzare l'economia) abbiamo **aggregazioni/culture politico/economiche**; se le aggregazioni si realizzano sulla base di comuni idee sulle modalità di governare la comunità, cioè la "polis" abbiamo **aggregazioni/culture politiche** (polis = città e téchne= arte, scienza); se le aggregazioni avvengono sulla base di comuni credenze sulla trascendenza, cioè su ciò che non è direttamente sperimentabile e conoscibile, abbiamo **aggregazioni/culture religiose.**
Queste aggregazioni però, essendo diversificate e diffuse in svariati gruppi, nazioni, religioni, interessi, convinzioni politiche, sindacati, clubs, associazioni, mafie, organizzazioni ecc. ecc. creano infinite occasioni di potenziali ed effettivi conflitti.
Sembrerà strano da pensare, però in effetti tutte le persone, i gruppi, le aggregazioni ecc., hanno in comune una cosa: ***sono convinte di essere nel***

giusto. Se chiedete ad un conservatore perché lui è un conservatore e non un laburista, vi spiegherà con ogni argomento di cui è capace che la sua visione della società, della politica, dell'etica, e dell'economia è **quella giusta,** così succederà se parlate con un laburista; allo stesso modo se parlate con un cattolico vi spiegherà come e perché la Chiesa di Roma è l'unica autentica depositaria della Verità del Cristo, mentre se parlate con un protestante vi spiegherà, Bibbia in mano, perché Lutero aveva ragione e perché Roma ha torto; e non azzardatevi a chiedere ad un marxista/leninista un giudizio meno che feroce sul capitalismo, così come nessun "capitalista" sarà disposto a riconoscere nel pensiero di Marx, alcuna validità.

Ma allora cosa possiamo dire? Se in fin dei conti tutti noi pensiamo di essere nel giusto, dov'è lo sbaglio? Perché il dolore, le guerre, il disprezzo, gli odi, i disastri nel mondo? Se abbiamo tutti alla base la convinzione che le nostre idee siano giuste perché il risultato è così deludente?

Abbiamo visto che analizzando il processo di creazione del desiderio, vi è un primo momento in cui si ha un'analisi ed una presa di coscienza: vi è cioè un primo momento in cui si prende **consapevolezza** (cioè *presa di coscienza*) dell'esistenza di un qualcosa che ha bisogno di essere analizzato; nell'esempio fatto sopra, abbiamo ipotizzato il caso del messaggio pubblicitario dell'automobile: si è visto che fino al momento precedente al messaggio, *non vi era coscienza non solo della necessità di un acquisto di un'auto, ma nemmeno della sua possibilità di acquisto*; solo dopo il primo momento di analisi del messaggio, nasce

30

una consapevolezza del *possibile miglioramento* che l'acquisto potrebbe determinare; l'analisi del *possibile miglioramento* fa nascere **l'esigenza**.

In questo passaggio si gioca tutta la questione: il momento dell'analisi è cruciale perché l'analisi può essere **incompleta**: *può cioè vedere solo alcuni aspetti della questione e far decidere in base a dati insufficienti.*

Uscendo dalla metafora dell'auto e venendo invece all'esempio ben più concreto del Terzo Reich e del Nazismo, l'idea che potesse essere creato un mondo totalmente ariano su cosa si basava? Si basava sul ragionamento che l'ariano fosse un essere perfetto e che gli altri ceppi razziali viceversa non lo fossero, fossero anzi inferiori. Essendo considerato *necessario* creare un mondo perfetto (concetto che nasce dal desiderio di eliminare il dolore dalla vita) e considerando l'eliminazione di ciò che era imperfetto un fatto **giusto** ed un'azione inevitabile, conseguiva la legittimazione dell'idea di intraprendere la guerra contro ciò che era considerato imperfetto (tutto il mondo non ariano, in particolare il mondo ebraico), per poter instaurare un **mondo perfetto**!

L'analisi era incompleta perché era scorretta ed incompleta l'idea che avevano di perfezione: il concetto che la razza ariana fosse perfetta era **solamente** il concetto dei tedeschi (e non di tutti i tedeschi, in verità).

Di tutt'altra opinione erano ovviamente le altre razze e culture che, anche loro, ritenevano, come minimo, di essere legittimati ad avere le loro culture, le loro leggi, le loro nazioni. **Non c'era certamente accordo** sul concetto di perfezione;

non c'era accordo con gli ariani sul fatto che il mondo dovesse essere arianizzato: ciò ha fatto nascere la **contrapposizione** del resto del mondo: i risultati sono tristemente noti. Come mondo perfetto non un grande risultato, in verità.

Tutte le guerre nascono per lo stesso meccanismo. L'idea radicata ed imperiosa di essere migliori del proprio avversario, di essere portatori di più alti valori, indifferentemente essi siano culturali, religiosi, razziali, economici, politici ecc.

Per eliminare l'imperfezione dal mondo occorre eliminare ciò che causa **davvero** il dolore: se ciò non viene fatto il dolore permane.

L'IDEA di essere sempre nel giusto è un elemento chiave per la comprensione sia dei conflitti *tra* gli uomini, sia dei conflitti *all'interno* dell'uomo stesso.

Il conflitto, in natura come tra gli uomini, è dato da differenti concetti su ciò che sia meglio e più giusto. Così per il leone è giusto che lui sopravviva e quindi caccia la gazzella per mangiare, così la gazzella è dell'idea che sia giusto che sia lei a sopravvivere: tali differenti convinzioni fanno sì che i due animali non vadano molto d'accordo.

Allo stesso modo ogni uomo vuole sopravvivere e si comporta in modo da massimizzare questa possibilità anche (e spesso) a danno degli altri uomini. Quando nell'uomo sorgono dubbi sulla liceità dei suoi atti di sopraffazione, il risultato è spesso che la priorità fondamentale sia comunque considerata quella personale/egoistica: *è più importante e giusto che io viva e prosperi piuttosto che tu.*

La persona è *consapevole* (consapevole: da con-sapere, ciò non significa però che il sapere sia anche *vero*) che la sua vita sarà più sicura se eliminerà i suoi nemici (si pensi solo, ad esempio, alle lotte intestine nelle aziende per il potere e la carriera): ciò permetterà a lei e alla sua famiglia un avvenire migliore.

La consapevolezza mentale nell'uomo è essenzialmente determinata dalla percezione che egli ha di sé stesso come essere esclusivamente mortale ed *essenzialmente* determinato dal suo corpo materiale. Questo avviene indipendentemente dalle convinzioni o fedi dei singoli uomini su Dio o sulla vita dopo la morte o sull'essenza spirituale dell'Uomo. La parte della mente che opera nella profondità del corpo e regola le sue funzioni vitali, dice alla persona "sopravvivi!!"

Su questa "conoscenza" della mente (della mente "corporea") presente perfino nelle cellule del nostro corpo, si sviluppa anche nella mente razionale il concetto, la convinzione, la consapevolezza di essere un essere mortale che vive solo fino alla sua morte fisica. Da questa convinzione discende l'atteggiamento egoistico e l'attaccamento alle cose della vita.

Da questa **consapevolezza/conoscenza** dell'esperienza della vita materiale nascono *i concetti* che diventano *esigenze*, che diventano *scopi*, che diventano *desideri*, che diventano *azioni* per raggiungerli.

E' cioè la nostra consapevolezza mentale corporea, materiale, e quindi mortale, che ci porta

33

all'egocentrismo. In questo senso la parte di mente che vuole sopravvivere fisicamente è quella che asserve a sé la mente superiore per raggiungere il suo scopo.

La consapevolezza corporea è di fatto *la consapevolezza dell'entità fisica* dell'uomo; le lotte degli uomini per la sopravvivenza, quali la ricerca della ricchezza e del potere, sono tutte espressioni del desiderio di **sopravvivere;** la differenza rispetto al mondo animale è data dal fatto che la mente umana ha la capacità di vedere un po' più in là della tigre o del serpente: attua strategie più complesse, imprevedibili e spesso anche poco comprensibili nell'immediato, per raggiungere la più alta possibilità di sopravvivenza.

Sfortunatamente però anche l'intelligenza umana non ha prodotto nella storia quei poderosi cambiamenti nella sicurezza della sopravvivenza della propria specie che tende a vantarsi di aver raggiunto.

Nonostante infatti i meravigliosi progressi fatti dalla scienza, che permettono agli esseri umani di essere presenti sul pianeta in un numero mai così alto nella Storia, poco più di cinquant'anni fa stavamo per autodistruggerci pressoché completamente con la Seconda Guerra Mondiale; ed ancor più recentemente la guerra nucleare è stata sfiorata nel '62 con la crisi cubana, e possiamo dire che finora solo il terrore e la certezza della reciproca distruzione, e non la nostra saggezza, ci salvato dal passaggio dalla guerra fredda a quella infuocata dell'atomo.

Con tutta evidenza se siamo ancora a questo punto di conflittualità c'è ancora qualcosa di molto grosso che sfugge alla nostra intelligenza e comprensione.

Sintesi

Abbiamo posto in evidenza un concetto di fondo: il dolore è dato, come correttamente afferma il Buddismo, dal desiderio. Il desiderio è per sua natura, uno stato di tensione mentale che preme sulla psiche fino a quando non sia eliminato attraverso il suo soddisfacimento o la sua rinuncia non forzosa.

Se è vero che il dolore è dato dal desiderio è pur vero che il desiderio ha una genesi a livello mentale attraverso la creazione di un concetto. Le fasi concettualmente e fenomenologicamente importanti che portano alla nascita del desiderio sono contraddistinte dalle sei fasi del desiderio che abbiamo visto in questo paragrafo.

Abbiamo poi evidenziato che uno dei concetti fondamentali che l'uomo valorizza è quello di sopravvivere come essere mortale. La convinzione/certezza del suo essere mortale è il principale concetto che fa nascere il desiderio di sopravvivere. Tutti gli altri obiettivi legati all'accumulo di potere e controllo (denaro, carriera, famiglia, ecc.) sono sovrastrutture e conseguenze del desiderio di sopravvivenza.

Seppur questo è vero, e lo è, ciò non toglie che l'idea di essere mortali è appunto un'idea, un concetto che può essere anche cambiato. Vedremo questo aspetto del problema al capitolo 4.

Altro aspetto importante evidenziato è che i concetti da cui nascono poi i desideri hanno in comune l'idea che tali concetti siano bene per chi li concepisce. Il più evidente di questi concetti è la sopravvivenza che è da tutti considerata "bene".

Da ultimo abbiamo evidenziato come in ogni persona vi sia una "idea" di etica interna che gli fa ritenere di essere nel giusto e come i conflitti tra gli uomini siano di fatto originati da differenti idee su ciò che è giusto (essere ariani o non, cattolici o protestanti, capitalisti o comunisti ecc. ecc.).

2.5: La consapevolezza parziale

La vita si è manifestata al mondo dapprima in modo informe: i primi agglomerati di amminoacidi non avevano coscienza del loro esistere ma al tempo stesso avevano una spinta vitale alla prosecuzione di se stessi, una forza che li aveva portati fino a quel punto; successivamente il mondo vitale si è evoluto in forme sempre più complesse, in grado di attuare attività sempre più articolate. Le forme superiori del mondo animale hanno cominciato ad essere progressivamente più consapevoli del loro esistere e della loro possibilità di controllare l'ambiente: dalle piante all'uomo possiamo osservare un progressivo aumento del livello di libertà rispetto all'ambiente: le piante, ad esempio, non sono in grado di muoversi nello spazio se non molto lentamente e sono pressoché totalmente in balia degli aggressori esterni; gli animali hanno gradi differenti di mobilità e velocità per cacciare o fuggire dai predatori: vi sono animali (per esempio il leone) che non hanno in pratica predatori, ed altri che hanno veramente poche probabilità di sopravvivere e devono sopperire con elevatissime quantità di prole per il mantenimento della specie. Tutte le forme viventi lottano per la sopravvivenza attuando le più diverse strategie per riuscirvi.

Poi abbiamo l'uomo: l'animale che domina il creato: è l'unico animale del pianeta ad essere in grado di modificare radicalmente l'ambiente naturale a proprio vantaggio. E' in grado di sopravvivere a condizioni climatiche estreme, costruendo ambienti adatti alla sua sopravvivenza, è in grado di **incidere** e trasformare la realtà esterna.

Tutto ciò è dovuto alla capacità dell'uomo di capire le connessioni, le relazioni tra le cose: è in grado di essere consapevole delle conseguenze del suo agire e delle azioni della natura e delle sue creature in modo da controllarle ed inoltre, fatto di assoluto rilievo concettuale, dispone di una superiore capacità organizzativa.

In altri termini si può osservare che maggiore è la capacità di essere consapevoli dei rischi di vita e dei modi per proteggersi, maggiore è la possibilità di sopravvivere.

In quanto essere dotato di una mente superiore, l'uomo è in grado di attuare comportamenti e strategie in grado di espandere il proprio controllo ben oltre la propria sfera personale: ciò comporta che l'uomo ricerchi, *in base alla sua conoscenza,* condizioni di sopravvivenza illimitata.

Torniamo un attimo al punto esposto poc'anzi. Abbiamo affermato che il percorso evolutivo della Natura e della Vita è partito dai primi amminoacidi, per arrivare alla macchina vivente più straordinaria che conosciamo: l'uomo.

Cos'è che ha permesso questo? Perché la natura si è evoluta?

I primi organismi viventi erano monocellulari, completamente autosufficienti: la cellula faceva tutto ciò che gli serviva per sopravvivere: si cibava, cresceva, si riproduceva.

Successivamente però, sempre più si è andata formando una specializzazione. Passando dall'organismo monocellulare a quello pluricellulare, le cellule hanno cominciato a *differenziarsi* nelle loro funzioni, specializzandosi. Alcune hanno cominciato ad occuparsi dell'acquisizione di energia sotto forma di cibo, altre del trasporto della stessa a tutto l'organismo, altre della eliminazione delle scorie, altre ancora del dirigere il tutto. Con l'avvento degli animali complessi, tale differenziazione di funzioni è stata spinta la massimo: sono comparsi organismi complessissimi all'interno di un altro organismo: cuore, cervello, polmoni, scheletro, muscoli, reni ecc., tutti composti da miliardi di cellule, che hanno pochi specializzatissimi compiti.

Successivamente anche all'interno di gruppi animali si è andata creando la specializzazione. Gli etologi sanno che in svariate razze animali, il gruppo/branco è composto da individui che hanno funzioni diverse, tutte finalizzate alla sopravvivenza del gruppo stesso. L'apoteosi di questo modo di parcellizzare le funzioni in un tutt'uno organico è arrivata con l'uomo. La nostra stessa storia recente ha visto le società moderne articolarsi in complesse organizzazioni: si pensi ai trasporti, all'organizzazione aziendale, all'energia, alla produzione, all'insegnamento, diviso per discipline, alla medicina specialistica. Tutto è interdipendente e funzionale. Perché? Perché così funziona meglio, ovviamente.

Ma cosa comporta tale iperspecializzazione? Minor autonomia delle singole parti, persone ecc. Pensate per assurdo cosa succederebbe se il vostro cuore, improvvisamente, si rendesse conto della sua importanza e dicesse "ah, se non ci fossi io, questo organismo non sopravviverebbe, voglio diventare il capo di questo corpo, altrimenti sciopero!!" E se la stessa cosa la minacciassero i polmoni? In realtà anche gli stessi organi morirebbero perché possono vivere finché ognuno di essi fa il proprio lavoro, e questo mantiene in vita tutto l'organismo, cioè voi che state leggendo.

Anche per le società degli uomini vale lo stesso principio, oggi più che mai. Basti pensare a quanto incide una Cernobyl sul pianeta o a quanto contano le emissioni serra per il nostro futuro, oppure, più semplicemente, quanto può interessarvi in che stato di lucidità mentale sono gli automobilisti che incontrate ogni giorno.

Nonostante tale interdipendenza sia di tutta evidenza, essa non viene accettata perché la nostra percezione di ciò che ci riguarda è angusta e limitata. La nostra consapevolezza è limitata. Di fatto ci comportiamo come il cuore visto prima. Questo modo di comportarsi può provocare e provoca danni tali che di fatto l'uomo mette a repentaglio la sua vita addirittura in quanto specie.

Infatti il considerare come desiderabile e salutare il possedere un bel parquet in salotto, la casa riscaldata adeguatamente, l'auto da 200 cavalli di potenza o l'iperalimentazione a tavola, comporta rispettivamente effetti quali la deforestazione, il consumo delle fonti di energia planetaria, l'inquinamento atmosferico ed acustico, le malattie cardiovascolari, il diabete e il cancro. Sul piano politico, ad esempio, il ritenere che possedere deterrente nucleare faciliti la sopravvivenza del proprio popolo, ci avvicina pericolosamente all'eventualità di poterlo usare, con il rischio che si arrivi a non avere più nessun popolo.

In altre parole e in sintesi, il nostro attuale modo di concepire ciò che favorisce la vita, seppur più chiaro e profondo di quello del mondo animale è in realtà gravemente monco ed insufficiente: la nostra consapevolezza e conoscenza è **parziale:** i nostri calcoli su ciò che favorisce il massimo di sopravvivenza sono insufficienti.

2.6: Conoscenza totale o totale ignoranza?

Ciò che si potrebbe dedurre da quanto detto sulla conoscenza è che basterebbe avere **più conoscenza** per risolvere i problemi: se fossimo in grado di avere tutti un quadro più completo delle conseguenze del nostro agire, potremmo risolvere i nostri conflitti e vivere in una terra pacificata e finalmente prospera. Ma è proprio vero? E' cioè vero che l'uomo sbagli e si comporti in modo distruttivo perché non dispone di una consapevolezza più ampia circa gli effetti a lungo termine del suo agire? L'uomo è quindi fondamentalmente buono ma ignorante?

Vista la situazione del pianeta, le possibilità sono solo due: o l'uomo non è in grado di

effettuare corrette valutazioni su ciò che è bene o male o sceglie deliberatamente di fare il male.

Se non fossero date queste due sole ipotesi, si darebbe la possibilità che l'uomo sia in grado di discernere ciò che è bene da ciò che è male e che scelga abitualmente il bene: **ciò con tutta evidenza non è** perché la realtà ci dimostra che il mondo è permeato di male. Quindi: o l'uomo non è in grado riconoscere il bene dal male e quindi fa il male in buona fede, o l'uomo è malvagio e fa il male volontariamente.

Siamo profondamente convinti che l'idea che l'uomo possa scegliere di fare il male perché vuole e persegue il male in quanto tale, non regga: alla base di ogni comportamento, per quanto efferato, vi è un'intenzione, una convinzione che la propria condotta, per quanto oggettivamente negativa e malvagia, abbia come fine qualcosa di positivo di desiderabile in quanto bene; il vecchio detto "la strada dell'inferno è lastricata di buone intenzioni" ha alla fine la sua validità.

Attenzione però! Il bene percepito da chi fa il male può essere un bene molto egoistico come la ricerca del denaro, del piacere, del potere, **ma è indubbio che per quella persona l'obiettivo da raggiungere rappresenti il suo bene:** egli è convinto, ciecamente convinto, che se raggiungerà la sua meta sarà felice, cancellerà la paura, la sensazione di pericolo. Il fatto che per perseguire il proprio bene si causi la sofferenza di altri, è generalmente vissuto come un male inevitabile.

Nella stragrande maggioranza dei casi gli uomini preferirebbero non causare il male altrui, ma il desiderio di proteggersi e prosperare (dal loro punto

41

di vista) è molto più forte e così si cercano di reprimere il senso di colpa, quando questo affiora, trovando autogiustificazioni nei modi più fantasiosi.

La ricerca del denaro, ad esempio, ha spesso una forte connotazione di questo tipo. Si accumula ricchezza e si lavora (o peggio si ruba) per raggiungere quella tranquillità, quella sicurezza che si pensa possa mettere al riparo dagli imprevisti della vita. Oppure si accumula per dimostrare agli altri la propria capacità di riuscire nella vita. Il denaro diventa quindi misura del proprio valore, in definitiva della propria capacità di creare ammirazione negli altri, di sentirsi amati e perciò al sicuro, integrati, accettati dagli altri esseri umani.

E' anche **questa insicurezza** (collettiva).

La ricerca del potere, poi, è in realtà un'altra faccia della paura: dominare è il modo più sicuro per non essere dominati e quindi il più sicuro per non correre pericoli: è *sopravvivenza*. E' appena qui il caso di notare che più è forte la paura, più diventa forte il corrispettivo bisogno di acquisire potere per tutelarsi: chi si sente bene, sicuro, a posto, sente poco bisogno di proteggersi. Per rendervene conto provate a pensare di essere immortali, cioè che nulla possa uccidervi: né la fame, né la malattia, né la mano dell'uomo; provate a pensare di essere come Superman: sentireste ancora il bisogno di accumulare denaro?

La ricerca della sopravvivenza è vissuta come **bene** al punto che la sua più eclatante violazione, l'omicidio, è considerato il più grave degli atti, passibile anche della pena di morte o nel migliore dei casi di inappellabili condanne morali. Risulta immediatamente evidente che ciò che sostiene questa

42

condanna sia il concetto che tutti hanno diritto di vivere, possibilmente in eterno; non a caso la vita è tutelata fino alla sua fine estrema, alla consunzione della vita, alla più avanzata vecchiaia; pensate ad esempio alle polemiche insorte contro la cosiddetta eutanasia (dolce morte).

La ricerca della sopravvivenza è però generalmente vista, per così dire, principalmente da un punto di vista ristretto, angusto ed egoistico, per cui è spesso il punto di vista del singolo o del singolo gruppo ad essere determinante: si perde di vista il quadro d'insieme, l'interesse globale dell'umanità, e si perdono anche le interconnessioni che l'agire del singolo non riesce a prevedere: la consapevolezza è cioè parziale. Ci si comporta in effetti come il cuore visto prima che dice: il più importante sono io.

Esempi? Se ne possono fare a volontà, anche tratte dalla vita di tutti i giorni: la persona che salta la fila dal panettiere riesce ad avvantaggiarsi provvisoriamente, ma alla lunga insegna agli altri lo stesso comportamento che tende a diventare diffuso, con il risultato che il vantaggio così ottenuto non sarà più raggiungibile e che la possibilità che altri si comportino allo stesso modo a suo danno diventi molto più elevata. Il risultato finale è un ambiente peggiore di prima, più inefficiente e conflittuale. Allo stesso modo quando si evadono le tasse si ottengono consistenti vantaggi personali, ma il diffondersi di questo modo di comportarsi si traduce in un danno per tutti, anche per chi le evade, che finirà per non trovare i servizi e il soddisfacimento dei bisogni che reclama.

Così il provocare guerre, magari per paura di perdere l'integrità dei propri confini, o per il timore che minoranze etniche all'interno diventino maggioranza, provoca reazioni che spessissimo si traducono in un danno ancora maggiore per chi le ha provocate.

C'è un film di alcuni anni fa che ebbe un discreto successo dal titolo "Wargames" in cui un computer ormai fuori controllo sta per causare la terza guerra mondiale; alla fine il computer apprende una nuova regola che prima non conosceva: *l'unico modo per vincere nella guerra termonucleare è non combatterla.*

2.7: Una conoscenza ignorante

Cosa stiamo dicendo in effetti? Il problema di fondo è che il punto di vista dell'uomo mortale è fortemente limitato ed insufficiente, ed è fondato su una conoscenza parziale che risulta poi essere la peggiore delle ignoranze. Basandosi su questa parziale conoscenza, **ritenuta però attendibile e assoluta,** l'uomo prende decisioni di una rilevanza tale che va a sconvolgere l'intero pianeta. Ecco così che l'uomo, sulla base della sua consapevolezza e presunta "alta" conoscenza, ritiene perfettamente razionale alla **sua** sopravvivenza il costruire migliaia e migliaia di testate atomiche che potrebbero distruggere la terra *immediatamente* più e più volte, senza contare quanto potrebbero distruggere *in seguito* con la contaminazione radioattiva del terreno, delle acque, dell'aria ecc.

In altri termini , e questo è ciò che è più importante, **ciò che è incompleta è la nostra conoscenza e capacità di cercare e conoscere il bene e la verità:** questo produce poi il male.

Non è tanto il male che viene perseguito consapevolmente e lucidamente, ma è un idea parziale e incompleta del bene che ci porta a compiere gli errori più macroscopici.

La nostra incompleta conoscenza è utile alla crescita umana? Intendiamo porre questa questione: sul piano esistenziale, psicologico, spirituale, ciò che l'uomo sa o ritiene di sapere, *serve* alla sua crescita? *La conoscenza serve?* L'importanza della conoscenza è attribuita dall'uomo al fatto che *sapendo* ciò che è giusto o è bene fare, si possono raggiungere livelli sempre più alti di bene fino al Sommo Bene; quanto più si conosce la verità e la giustizia delle cose, tanto più ci si può avvicinare alla perfezione. Siamo convinti che le nostre convinzioni su ciò che è bene o ciò che è male ci siano di guida verso il bene: siete d'accordo non è vero? Chi può non essere d'accordo? Forse però le cose non stanno proprio così.

La conoscenza dunque è lo *strumento per orientare* le scelte degli uomini verso il bene. Perché?

Perché l'uomo ha *bisogno di* **assicurarsi** che ciò che fa è giusto. Questo è per così dire, il basamento, l'archetipo mentale, la radice psichica, con linguaggio informatico si potrebbe definire il *"bios" mentale* della macchina uomo, **senza la quale la mente non potrebbe funzionare**. E' ciò che l'uomo non è capace di oltrepassare: è la **barriera** della sua mente. Come potrebbe l'uomo, o meglio *la mente* agire decidere, valutare, scegliere, comportarsi, organizzare, senza sapere ciò che è giusto e bene? E' palesemente impossibile!

Ognuno di noi é convinto che il punto di vista degli altri, se diverso dal nostro, é sbagliato. Anzi, il fatto di avere giudizi diversi dagli altri diventa per noi un

45

vanto, un segno di distinzione, una caratteristica da esibire, un modo per contraddistinguere il nostro io (o ego).

La conoscenza è quindi nell'uomo e nella sua mente un mezzo indispensabile per orientare le sue scelte, i suoi comportamenti; l'uomo vuole **sapere** per decidere. E quando decide l'uomo lo fa sulla base di valutazioni (e cioè giudizi e discriminazioni) su ciò che considera bene o male.

Il problema di fondo (è il più fondamentale, cioè che sta alle fondamenta del funzionamento mentale) è che le valutazioni degli uomini, sulle quali si costruisce la "conoscenza", sono molto incomplete ed imprecise. La causa di ciò è data dalla caratteristiche di funzionamento della mente.

2.8: Il pensiero è categorico

Sentire che le valutazioni degli uomini sono spesso sbagliate può generare perplessità: in fin dei conti l'uomo è riuscito ad uscire dalle caverne ed è arrivato nello spazio, ha imparato a percorrere il pianeta sempre più rapidamente e a governare e controllare gran parte delle forze della natura. Sembrerebbe quindi piuttosto eccessivo fare affermazioni così pessimistiche.

Vediamo da cosa nasce tale affermazione.

Il pensiero razionale ha delle regole di funzionamento che sono per così dire *costitutive* del suo agire e che, come andremo a spiegare, ne rappresentano al contempo la forza e il limite.

46

Il pensiero razionale è caratterizzato da quattro fondamentali **aspetti di funzionamento**, e cioè:

* **concepisce la realtà per identità e differenze**
* **oggettivizza ciò che pensa**
* **indaga e può indagare solo ed esclusivamente ciò che riesce a concepire e catalogare**
* **pensa a se stesso come alla cosa più elevata che esista**.

2.8.1: Concepire per identità e differenze

Il pensiero razionale è in grado di pensare esclusivamente per *identità e differenze*: ciò che è uguale non può essere anche diverso: ad esempio se 2 = 2 non può essere che 2 = 3; se una cosa è alta non può essere nello stesso tempo bassa. Se una cosa è bella non può essere al contempo brutta e se una cosa è giusta non può essere anche sbagliata. Un tale modo di procedere consente di dare fluidità e sicurezza alla mente che opera, semplificando e mantenendo chiara la comprensione (o sarebbe meglio dire la *percezione*) del mondo circostante.

Per il pensiero razionale diventa già arduo concepire delle mescolanze tra concetti di differenza e di uguaglianza. Consideriamo ad esempio concetti tendenzialmente **ambivalenti**: se incontriamo un animale mai visto ma che somiglia un po' ad altri animali conosciuti, cercheremo caparbiamente una definizione che dia il senso di una precisa identità e , non riuscendovi, ci affanneremmo a spiegare, per esempio, che abbiamo incontrato una specie di tigre dal colore nero con la testa un po' più piccola della tigre, ma tutto ciò è *impreciso;* ecco quindi la necessità di definire una nuova *identità*: la pantera!

Ecco così che il nostro modo di conoscere procede per categorie, etichette, classificazioni: abbiamo le nostre casellette dove mettiamo tutto ciò che conosciamo, sia che appartenga al mondo naturale, che al vasto regno delle nostre astrazioni, dei nostri concetti.

Ciò succede perché la mente non ha la capacità di andare oltre il pensiero razionale che *per sua costituzione è categorico* vale a dire che ha bisogno di creare categorie. La *mente* è categorica.

2.8.2: Il pensiero razionale oggettivizza ciò che pensa

Cosi come la mente crea etichette e cataloghi, così tende a considerare la propria categorizzazione come un'assoluta verità. La mente cioè oltre ad essere costitutivamente incapace di non pensare per identità ed differenze, è anche *assolutizzante:* **ritiene cioè che ciò che pensa sia VERO.**

La **verità** è per la mente ciò che la mente stessa riesce a concepire e che le sembri che quadri, *che sia logico.* La logicità (anche solo apparente) è la cartina tornasole, la prova del nove, l'auto-evidenza della verità e realtà delle cose.

Ecco perché *il pensiero razionale oggettivizza (cioè considera vero) ciò che pensa.*

2.8.3 Il pensiero razionale indaga e può indagare solo ciò che può concepire e catalogare

Il pensiero razionale ha capacità di indagare solo ciò che è in grado di comprendere e concepire. Tale

48

affermazione può apparire alla maggior parte delle persone non più che una tautologia, ma in effetti è un'affermazione gravida di conseguenze. Il fatto che la mente funzioni con determinati meccanismi, comporta la sua impossibilità ad andare oltre quegli stessi meccanismi: è come rendersi conto che un cavallo non può volare, e che quindi non potrà mai sperimentare cosa sia il volo; il problema che abbiamo quando parliamo di mente, è che essa **non è cosciente**, per così dire, di essere come un cavallo che non può volare. Per questa ragione, la mente pretende di essere in grado di comprendere ogni cosa, ed inoltre ogni qualvolta ritiene di aver capito qualcosa, la assolutizza, come appena visto, e la rende perciò *una verità immodificabile,* così, per proseguire nell'esempio del cavallo, è come se il cavallo non potendo sperimentare cosa sia il volo, affermi e decida che il volo non esiste, indipendentemente dagli uccelli che vede sopra la sua testa.

In realtà la mente non è uno strumento completo di conoscenza.

Essa può capire i concetti logici, le uguaglianze e le differenze, misurare le differenze, cogliere le relazioni tra le cose, ma non può capire ciò che sta al di là della logicità. Esattamente come un cieco dalla nascita non può comprendere la differenza tra il rosso e il giallo, neppure spiegandoglielo, la mente non può capire che stato di esistenza possa essere lo stato oltre la mente.

Provate a definire cosa sia per una persona giovane che non l'ha mai provato, il dolore per la morte di un marito, di una moglie, di un figlio: non potrete rendergli reale questo *sentimento* perché non è trasmissibile con il linguaggio, non ha logicità; forse potreste spiegare a cosa assomiglia, cogliendo tra i ricordi del giovane il suo maggior dolore, ma ciò che gli manca è *l'esperienza* di quello stato, qualcosa che riguarda lo spirito, l'anima.

Tutta la gamma delle emozioni è al di là del pensiero razionale; spiegabili e quindi in una certa misura logiche, possono essere **le cause** delle emozioni, e questo è il campo della psicoanalisi, ma non sono spiegabili, cioè trasmissibili con la logica, le emozioni in quanto tali.

2.8.4 La mente pensa a se stessa come alla cosa più elevata che esista

Così come la mente tende ad oggettivare ciò che pensa, ritenendo esistere ed essere vero solo ciò che concepisce, alle stesso modo pensa a se stessa come la più alta forma di realtà esistente. Per la mente, per il pensiero se preferite, il pensiero stesso è l'assoluto, la più alto strumento di conoscenza: nulla può essere vero ed esistere se non è concepibile, *comprensibile*; non esiste altra forma di vita, altra forza, altra natura, che possa essere al di là della mente, del pensiero.

Alcuni potranno obiettare che ciò non è vero e che per esempio la fede in Dio è di fatto un'abdicazione della suprema sovranità della mente. In fin dei conti centinaia di milioni di uomini credono in un essere superiore e quindi ammettono l'esistenza di qualcosa di incomprensibile all'uomo e quindi alla mente.

L'osservazione è pertinente, ma di fatto conferma quanto detto.

La *convinzione* nell'esistenza di Dio infatti, si basa quasi sempre su un'elaborazione mentale della mente stessa che giunge alla conclusione che Dio esiste: il maturare una convinzione di questo tipo, può provenire per esempio, da considerazioni razionalissime quali il convincimento che Gesù, nel caso del Cristianesimo, sia veramente esistito e che abbia fatto i miracoli di cui narrano i Vangeli, per cui *logicamente* se ne deduce che Gesù era veramente il Messia o che comunque aveva a che fare con Realtà al di là e al di sopra della vita terrena; oppure la convinzione può nascere dalla considerazione che se tutti credono che Dio esista, deve esserci qualcosa di vero, oppure si giunge alla convinzione dell'esistenza di esseri o vite ultraterreni in seguito a profondi eventi personali (ad esempio lutti) che **ci portano alla conclusione** che la vita così come la vediamo e la viviamo non ha senso per cui **consegue logicamente, razionalmente,** che deve esserci qualcos'altro.

La mente, in altre parole, *ha bisogno di trovare una ragione* per poter negare la propria assolutezza, la propria *divinità*.

Questo **passaggio concettuale** quindi non è ancora un passaggio al di là della mente; è più semplicemente (e logicamente) il primo passo che la mente fa verso un nuovo schema di riferimento: la mente comprende che **non è in grado di conoscere tutto, e comincia a considerare che per espandere la propria conoscenza deve andare oltre ciò che riesce a sperimentare, cioè, in altre parole, oltre se stessa.**

Rimanendo nell'esempio della fede in Dio, l'idea, il concetto che Dio possa esistere è ancora e pur sempre un'opinione razionalmente concepibile.

Diversa, ben diversa, è invece la fede in Dio che *causa, origina,* un affidamento, un abbandono, una fiducia nella possibilità che un Essere invisibile e inconoscibile possa guidare **davvero** i nostri passi; qui sì cominciamo a sperimentare un modo di concepire della mente che passa da una logica di ricerca del controllo su di sé ad una logica di rinuncia al controllo e di affidamento del controllo fuori di sé: è una rinuncia a se stessa, al proprio assolutizzante concepire.

Quando ciò avviene, abbiamo una situazione esistenziale in cui la mente rinuncia al proprio "centro" ed inizia a non ragionare più esclusivamente in termini di controllo e sopravvivenza, ma si "deresponsabilizza" e non trae più autonome conclusioni sulla realtà circostante, ma inizia, in grado differente da individuo ad individuo, ad "affidare" le cose della vita, della sua vita, ad un Altro che non vede e non conosce e di cui non conosce di fatto non solo la reale esistenza, ma nemmeno il "progetto" che, se esistesse, potrebbe avere su di lui.

Come si può notare, riflettendo un attimo su una tale visione della vita, si tratta di un formidabile salto nel buio senza rete che ben spiega la sua difficile applicazione.

Capitolo 3

Le trappole della mente

La mente è quindi costitutivamente portata a creare categorie e classificazioni; questa caratteristica, unita alla convinzione della mente a pensare che ciò che è *logico è anche vero* crea sistemi concettuali rigidi e dogmatici. Il pensiero, essendo dicotomico (dal greco dikhotomia dikho= in due parti e témno= io taglio), e pensando per differenze, ritiene che se una cosa è vera, una cosa diversa è falsa.

Questo modo di procedere della mente causa incredibili conflitti come abbiamo visto nel caso del Terzo Reich.

Questi errori di valutazione non sono un'esclusiva dei grandi eventi storici. E' la vita di tutti i giorni ad essere piena di questi erronei schemi di valutazione. Abbiamo già portato qualche esempio nelle pagine precedenti; ora cercheremo di entrare nel dettaglio *funzionale* di questi meccanismi, prendendo qualche esempio particolarmente rilevante.

3.1: La nazionalità

Ognuno di noi appartiene a qualche nazione: parla una lingua: inglese, italiano, francese, tedesco russo, spagnolo, arabo, ecc., è nato in una nazione specifica, è cresciuto in un certo ambiente. Fin dai primi anni di vita ci viene insegnato continuamente di quale nazionalità siamo; vediamo la televisione che ci dice:

il *nostro* Capo dello Stato ha affermato...; oppure la *nostra* squadra nazionale ha vinto *contro* la ....; perfino quando osserviamo le previsioni del tempo il meteorologo ci dice che "sul *nostro* territorio sono previsti temporanei annuvolamenti........"; a scuola poi ci viene insegnato che "nel 1860 i nostri soldati combatterono eroicamente nella battaglia di..... e *vinsero contro* gli......" (seguono nomi di popoli con cui ci siamo massacrati per secoli);

Accade così che nel nostro subconscio si stratificano profonde convinzioni circa la nostra appartenenza a questa o quella nazione e circa la **giustezza** di questa appartenenza e di come sia importante la difesa di questa identità. Non è forse così?

Vi siete mai chiesti cosa sarebbe accaduto se foste nati 1000 km più ad Ovest (o ad Est, Nord, Sud)?

Avreste i libri di Storia che vi racconterebbero che "nel 1860 i vigliacchi invasori distrussero le nostre case ed uccisero i nostri soldati, ma con la campagna del 1861 riprendemmo eroicamente i *nostri* territori".

Non trovate tutto questo un po' ridicolo?

In realtà il concetto di patria è una forzatura concettuale. La natura non ha creato nazioni e confini. E' completamente opera dell'uomo. Noi chiamiamo patria un luogo dove si parla la stessa lingua, dove si è deciso di darsi un nome che identifica questo agglomerato di persone, e dove *ci insegnano* che abbiamo una storia in comune e una serie di valori. Ma se andiamo a vedere più da vicino questo insieme di "identità" in realtà non esistono veramente; la lingua è una pura convenzione: l'italiano odierno, per esempio, è di fatto molto diverso da cinquant'anni fa ed è oggi pieno di inglesismi come hotel, pub, computer, week-end, okay, budget, target, ed altre centinaia di termini di varia provenienza, mentre l'italianissimo ciao è usato ormai internazionalmente; inoltre l'italiano di fatto non era parlato dal popolo fino a pochi decenni fa. Più che altro si esprimeva (e ancor oggi si esprime per larga parte) in dialetto locale. Allo stesso modo il territorio italiano e tale da poco più di un secolo mentre per quasi milleottocento anni semplicemente non esisteva. Per quanto attiene ai valori condivisi il discorso potrebbe essere lungo, ma basta porsi questa domanda: possiamo dire che i valori di chi vive al di fuori dei nostri confini siano proprio diversi e meno validi dei nostri? Siamo forse migliori degli altri? Permettetemi di dubitarlo.

Questo é un elemento importante: ogni qualvolta ci troviamo ad avere un atteggiamento, un comportamento, una passione o una paura che abbia a che fare con la nostra nazione e condividiamo l'idea di appartenenza ad essa, *tenderemo ad effettuare valutazioni con poca obiettività e sincerità, assolvendo anche le scelte sbagliate della nostra nazione e disconoscendo le ragioni e i punti di vista di altri popoli e nazioni.* Ci verrà per esempio naturale alterare i nostri giudizi a seconda che il comportamento da valutare sia dalla parte della nostra patria o dalla parte di qualche altra nazione.

Se per esempio abbiamo un'antipatia contro qualche popolo, nazione, sistema politico, area geografica, *tenderemo a considerare i nostri ragionamenti come "giusti"* non "vedendo" quanto questi possono essere condizionati dal nostro subconscio.

Esiste un modo per verificare se siamo, e quanto, condizionati. Se lo stesso ragionamento che facciamo nei confronti di quella nazione, quel popolo, quello

55

stato, venisse fatta sulla nostra nazione, sui nostri connazionali, sul nostro stato, saremmo d'accordo ugualmente?

Poniamo per esempio che una nazione che ci sta "antipatica", decida di non rilasciare dall'arresto un nostro connazionale accusato (ma senza prove certe) di traffico di droga, e noi si sia in disaccordo con questa decisione e la si consideri un sopruso. Se avvenisse che fosse arrestato un uomo *di quello stato* nella nostra nazione con la stessa accusa (ancora da provare), considereremmo questo arresto un sopruso? Penseremmo che quell'uomo dovrebbe essere liberato e lasciato ritornare nella sua patria? Proviamo a pensare a qualche episodio del passato che possa essere simile a questo: riusciamo ad essere imparziale o *facciamo fatica?*

Di fatto la nazionalità è un fatto puramente culturale e quindi mentale; non esiste *in natura* una differenziazione in base alla nazione di nascita. Non è un caso, ad esempio, che le persone più aperte ai rapporti e ai dialoghi tra persone di diversa nazionalità siano proprio le persone nate da genitori di nazione diversa. Eppure, nonostante ciò sia perfettamente comprensibile ed evidente, il concetto di nazionalità è così radicato nel nostro subconscio da creare insuperabili diffidenze tra popoli.

3.2: Le opinioni politiche

Ecco un altro un campo minato. Qui fare affermazioni di qualsiasi tipo è assai pericoloso! Lo sappiamo no? In nome delle idee politiche, si è fatto di tutto: guerre civili, omicidi, stragi, furti, amicizie perse, vite rovinate, capitali gettati al vento, e così via.

L'argomento è delicato, e delicata è la sensibilità di molti su questo argomento.

Bene, partiamo da ciò che possiamo dire in comune sulla politica.

La politica ha una finalità comune, condivisa da tutti: cercare, individuare, definire la "tèkne" della "polis" cioè la tecnica/arte del governo della "polis" cioè la città, comune a tutti i cittadini.

Fin qui siamo tutti abbastanza solidali, almeno per quanto riguarda l'obiettivo da perseguire.
I problemi nascono invece quando si avvia la discussione su ciò che bisogna fare in concreto, per raggiungere l'obiettivo che tutti condividono. In effetti le vere ragioni di contrasto nascono sul *cosa* bisogna fare, su quali leggi promulgare per ottenere l'obiettivo condiviso.
Storicamente si sono determinate due grosse categorie di pensiero: quelli che affermano che il maggiore benessere, la maggiore giustizia e la maggiore libertà si ottengono dando libero spazio alla libera iniziativa dei singoli, e quelli che pensano che tale risultato si raggiunge imponendo limiti alla libera iniziativa dei singoli a tutela della maggioranza, ritenuta più debole. Tutte le discussioni sulla destra e sulla sinistra, su capitalismo e comunismo, su democrazia e dittatura, ruotano intorno a queste due opzioni. Ma qual é di fatto il punto, il nocciolo del problema?
Il problema di fondo è la comprensione della natura dell'uomo: la politica è una scienza sociale, quindi umanistica: per capire la politica, la sociologia, la

57

storia, la letteratura, l'argomento da indagare è il suo attore principale: l'uomo.

Avete figli? Come pensate sia giusto educarli? Ritenete che si debba lasciar fare loro tutto ciò che credono? Oppure pensate che occorra reprimerli ed obbligarli a certi comportamenti? O nessuna delle due? Pensate che sia giusto amarli? E come devono essere amati? Ritenete che debbano studiare o non lo considerate necessario? Pensate che debbano lavorare mentre studiano? La scuola deve essere gratis o a pagamento? Pensate che se si ammalano debbano essere curati? E se sì, a pagamento o gratis? Volete che si divertano? Che possano uscire di casa senza pericolo o preferite che rischino la vita in auto?

Come sapete le domande potrebbero continuare per molto; credo che voi conosciate gran parte delle risposte a queste domande: in questo caso avreste già la possibilità di scrivere un "manifesto" politico. Potrete verificare che parte delle vostre risposte saranno più vicine alla "sinistra" ed altre invece alla "destra" o se preferite, oscillerete tra posizioni "democratiche" e posizioni "repubblicane" oppure tra "laburisti" e "conservatori", a seconda della vostra nazione di provenienza.

Cosa significa ciò? Che in realtà le etichettature, gli schieramenti, le delimitazioni, *i confini,* sono rozzi, imprecisi, contraddittori forzature della realtà e della verità; non vi sono in realtà la pantera e il gheppardo e la tigre: vi è piuttosto la razza felina con piccole differenze di misura, colore, comportamenti, in un continuum di cambiamento dolce e progressivo verso qualcosa di un po' meno simile e un po' più diverso; a piccoli passi, la natura cambia. Allo stesso modo le

58

nostre idee, le nostre convinzioni non sono come ci appaiono: nette, coerenti, chiare, inequivocabili.

Anche qui si evidenzia come la mente pensi in modo spezzettato, abbiamo detto dicotomico, incapace, fortemente incapace di pensare *per sintesi*. Preferiamo assumere posizioni nette per la paura di essere influenzabili, deboli, contraddittori; ci siamo fatta la convinzione che essere coerenti sia una virtù da perseguire, dimenticando quanto noi stessi siamo incoerenti, talvolta negli atti, spesso nei sentimenti, sempre nei nostri pensieri più intimi.

Quante volte ci siamo scagliati contro l'ingiustizia di un lavoro fatto male, dei politici corrotti, di tasse non pagate, di mancanza di rispetto di cui siamo stati vittime, e *quante volte* abbiamo lavorato male per chi ci pagava, quante volte abbiamo chiesto una raccomandazione, o pagato una mancia per "passare davanti", quante volte abbiamo evitato di pagare ciò che si doveva e quante volte siamo stati arroganti, maleducati, scortesi?

Quante volte siamo incoerenti?

Così anche quando parliamo di politica, possiamo in cuor nostro dire, assicurare, giurare che il nostro partito è quello *giusto*? Se i nostri avversari politici facessero ciò che dicono di voler fare i "nostri" politici, quelli per cui noi votiamo, ci metteremmo ad applaudirli? E se quelli dalla nostra parte compissero le stesse scelte che compiono i nostri avversari, saremmo così critici anche con loro? Quante volte usiamo preconcetti, siano essi positivi o negativi?

Il modo di pensare dicotomico è sempre in agguato, pronto a farci decidere cosa è "giusto", cosa è "corretto", in modo costantemente impreciso e parziale.

3.3: La religione

Se le idee politiche sono un campo minato, la religione è un conflitto nucleare. Nulla , assolutamente nulla condiziona e crea divisioni come l'idea sull'essere supremo, sulla vita dopo la vita e sulla morale religiosa. Qui c'è in gioco l'idea dell'immortalità! Qui non si possono fare errori; chi sbaglia è spacciato, non è forse vero? Dio l'onnipotente, Allah, Visna, Javhè, la dea Kali, Manitù, Buddha, Khrisna, Gesù; quanti sono i nomi del Supremo? Quante sono le religioni della Verità? Quanti devono essere disposti a morire per il loro Dio?

Un'infinita galleria di personaggi e di più o meno autentici interpreti, popola la storia e la cronaca; possessori di verità, profeti di Dio, inviati dal Messia, portavoce di Allah, servitori del Signore, maestri di Yoga, figli di Dio, testimoni di Javhè, interpreti del Buddha.

Quanti sono stati i conflitti in nome di Dio? E notate bene che non vi sono state solo le guerre tra religioni diverse, ma, e spesso sono state le peggiori, all'interno dello stesso credo pur riconoscendo le stesse guide spirituali e gli stessi profeti, si sono compiuti i peggiori massacri. Perché? [3]Perché questo è successo e succede?

---

[3]si pensi solo alla plurisecolare contrapposizione tra Islam e Cristianesimo nella storia, pur professando un unico Dio, oppure ai conflitti tra Protestanti e Cattolici che hanno attraversato tutta l'Europa nei secoli scorsi.

Perché qui, e più che in altri casi e situazioni, ciò che entra in gioco è il concetto di bene e male anzi, il concetto del Bene e del Male.

Qui le *categorie* primarie dell'etica sono ancora più rafforzate da un'idea di *necessità assoluta; l'idea che qui entra in gioco è quella dell'immortalità o della dannazione eterna, cioè di qualcosa che non può più essere rimediata.* Il pensiero dicotomico viene qui ad essere portato al massimo grado: la posta in gioco è considerata netta: o è la Verità o non è la Verità; non è contemplata la possibilità di accettare più Verità: è una contraddizione *logico/razionale*. Oggi non siamo ancora pronti per introdurre ed accettare la possibilità che esistano più Verità o, per meglio dire che esistano più facce della Verità, *pur essendovi una Verità.*

Quando si affronta il problema del Trascendente, dell'Assoluto, di ciò che è Bene e di ciò che è Male al più alto grado, di come si acquisisce la Vita Eterna e soprattutto di ciò che ci aspetta come Castigo, la nostra tolleranza e intelligenza tende ad eclissarsi e a trasformarsi nel più rigido dicotomismo, nella più netta separazione.

Probabilmente alcuni di voi che state leggendo penserete che in effetti voi sapete*, indiscutibilmente sapete,* che la vostra concezione religiosa **è, è, è** la Verità e che quindi qui la rigidità, la fede, la sicurezza incrollabile è **giusta.**

Bene, siete disposti allora ad ascoltare altri punti di vista? Se siete sicuri della vostra fede, di che cosa potete aver paura? Non potrete che trovare conferma alle vostre convinzioni, anche se le confronterete con altre. Aprite quindi la vostra testa e il vostro cuore a chi cerca di parlare con voi. Se siete nel giusto troverete gli errori dell'altro, oppure scoprirete (probabilmente) che spesso dite le stesse cose, con parole diverse. Se troverete che c'è qualcosa che non vi quadra perfettamente, forse scoprirete che state seguendo una strada scorretta.

L'importante è mantenere aperta la porta al cambiamento e alla possibilità di evolversi: anche se fossero corrette le vostre idee, anche se foste sulla strada giusta, avreste comunque bisogno di crescere ulteriormente sotto il profilo spirituale e non potreste certo farlo se manteneste l'atteggiamento rigido di chi ritiene di non avere nulla da imparare, no? O forse pensate di essere perfetti, santi?

Siete Cristiani? E se oggi tornasse Gesù a raccontarvi qualcosa che non avete mai sentito, lo ascoltereste? O lo crocifiggereste ancora?

Siete Musulmani? E se oggi arrivasse di nuovo Maometto e dicesse qualcosa che non quadra con il Corano così come lo conoscete, cosa fareste? Lo impicchereste come nemico dell'Islam?

Siete Buddisti? E se Siddharta tornasse ad indicare una nuova via, sareste pronti ad ascoltarlo?

3.4: Il successo

Ecco un altro grande mito dell'uomo! Avere successo! Quante persone conoscete che perseguono con tutte le loro forze questo obiettivo? Una probabilmente l'avete davanti a voi alla mattina quando vi guardate allo specchio, non è vero? E gli altri? Possiamo dire tranquillamente otto su dieci.

Il successo è il grande sogno, la grande illusione della realizzazione di sé. Siamo tutti convinti che quando realizzeremo il successo avremo trovato la pace e la pienezza; il pieno riconoscimento sociale, l'ammirazione incondizionata.

Già. I primi problemi sono, per così dire, di significato: cosa è il successo? Successo significa riuscita. La riuscita è sempre legata a qualcosa da raggiungere. Molto spesso però il successo sociale non è ben definito. Non vi è cioè un punto di arrivo che sia inequivocabilmente "l'obiettivo" per tutti; il successo è spesso "far carriera" o "arrivare in alto" o "diventare ricchi" o qualcos'altro ancora, ma non meglio precisato, una cosa sembra però chiara a tutti: **bisogna** avere successo.

Perché la gente ricerca il successo? Le ragioni sono più d'una ma ad un'analisi appena più accurata, si scopre che buona parte di queste ragioni sono segni di debolezza.

Vi sono sostanzialmente due aspetti psicologici nella ricerca del successo: l'autoapprovazione egocentrica e l'approvazione degli altri: vediamoli più da vicino.

Il mito del successo, affonda le sue radici nella logica dicotomica sconfitta/vittoria. La vittoria è sempre stata ricercata per la sua associazione con il concetto di sopravvivenza: è infatti evidente che vincere nella guerra o nella lotta con un avversario, comporta la possibilità di assicurarsi il "bottino" del perdente, sia esso un territorio, una borsa di denaro, o preziose risorse naturali. L'aumento del proprio "bottino" comporta, o dovrebbe comportare, un incremento della possibilità di sopravvivenza e quindi un avvicinamento all'idea di immortalità. Allo stesso modo la sconfitta rappresenta ovviamente l'altra parte della medaglia. Tutti i simbionti dell'immortalità vengono quindi attivati dalla vittoria. L'uomo, in quanto essere mortale, trova nella vittoria gratificazione alla propria percezione di sé, cioè al proprio Ego, che di fatto non avrebbe ragione di esistere se egli non fosse mortale.

Il concetto quindi della vittoria/sconfitta ha un contenuto *competitivo* che pone il mondo, in generale, come un grande campo di battaglia. Ovviamente per la mente, che come abbiamo visto ragiona per identità e differenze, se essere competitivi, vincere, **è buono**, esso diventa un **valore** condiviso da tutti (perché è **buono).**

Il successo è il risultato di una lotta, che può essere sia concreta che simulata; può riguardare la guerra vera e propria oppure una qualsiasi simulazione della stessa, come una competizione, uno sport, oppure anche la vita di tutti i giorni. Nel lavoro per esempio, il successo può essere una vittoria rappresentata da una promozione o dal raggiungimento di un obiettivo economico.

Fin qui tutti siamo perfettamente d'accordo, non è vero? Questa accondiscendenza verso questo schema genera il valore, come abbiamo visto, condiviso da tutti; ciò porta di conseguenza che il successo sia da tutti (o quasi) considerato da raggiungere. Questo aspetto comporta un'altra conseguenza: a fianco della ricerca del "bottino" vi è una gratificazione sociale nel conseguimento del successo e questo porta ad una nuova dipendenza data dal bisogno dell'approvazione degli altri.

Spesso, molto spesso, il successo è ricercato soprattutto per il prestigio e l'approvazione che ciò comporta nell'ambito sociale.

Il problema però è che questo modo di pensare porta con sé una visione del mondo simile ad un arena in cui combattere, fortemente conflittuale, e ciò

64

ovviamente determina i conflitti. Infatti la logica sconfitta/vittoria porta la soddisfazione del vincente, ma anche il dolore e la sofferenza del perdente, che poi spesso, vuole rifarsi o vendicarsi o riprendersi ciò che ha perduto. Potete facilmente intuire quanti guai questo abbia portato nel mondo.

Se si pone l'accento sulla competitività, la conflittualità e le sue nefaste conseguenze, sono alle porte. Come è evidente, se voi fate la guerra al vostro collega per quella poltrona, magari con qualche trucchetto non proprio corretto, non aspettatevi certo amore e dedizione!

Allo stesso modo, sul piano politico, se andate a caldeggiare l'invasione da parte del vostro governo di qualche nazione straniera, non stupitevi se poi troverete "terroristi" che fanno attentati ai vostri turisti connazionali o mettono bombe nelle vostre piazze.

Il successo ha più facce e spiegazioni: da un lato è ricercato per l'idea di miglior vita che dovrebbe derivarne, e dall'altro è considerato un mezzo di elevazione sociale. Entrambi gli obiettivi comportano altre reazioni, di segno opposto; ciò è vero soprattutto a livello di società nel suo complesso, che va a registrare inevitabilmente un aumento complessivo e consistente di conflittualità. E' appena il caso di ricordare che là dove gli strumenti di competizione sono più evoluti (ad esempio elevati livelli culturali ed economici) la competizione stessa assumerà caratteristiche meno violente, ma dove coloro che soccombono non hanno reali strumenti per competere e la loro sconfitta determina fame, sofferenza e malattia, la rivolta violenta sarà la reazione più probabile: la violenza è sempre l'ultima spiaggia, l'ultima risorsa di una difesa disperata.

Il successo di pochi è la sconfitta di molti (e varrebbe la pena di ricordare che la vittoria di molti è la sconfitta di pochi); la gioia di pochi è il dolore di molti. Il dolore provocato tende sempre a ritornare verso chi lo ha originato. Le guerre sono sempre state composte da due facce complementari, due forze contrapposte che si fronteggiano per un successo da raggiungere. Alla fine del processo c'è sempre morte e disperazione per tutti.

3.5: L'amore

L'amore è un altro concetto chiave che tendiamo sistematicamente a confondere nell'analisi della sua intima natura. Cos'è l'amore?

Parliamo qui dell'amore passionale tra uomo e donna, l'amore che è anche amore fisico, sessuale, ma anche affettivo e di affinità.

Che idea abbiamo dell'amore? Beh, qui abbiamo l'imbarazzo della scelta: milioni di note e di inni sono stati scritti sull'amore: quante canzoni, quanti struggimenti, cuori infranti, dolori, sofferenze, suicidi, omicidi, per *amore*.

L'amore è stato definito in modi diversi nelle canzoni, nelle poesie, nei romanzi della letteratura.

L'amore è "per tutta la vita", l'amore è "non poter vivere senza te", l'amore è "mi manchi da morire", l'amore è "se mi lasci mi uccido"; l'amore è "se mi lasci non vale" o "ritornerò in ginocchio da te", "senza te scoppierei".

L'amore è spesso (quasi sempre) un insieme di passioni e desideri incontrollabili e incontrollati, dove la dipendenza di una persona dall'altra è spesso totale.

Certo, l'amore è sicuramente un sentimento *positivo* che porta l'amante ad avere un trasporto positivo verso l'amato: si vuole il bene dell'amato, si vuole la sua felicità, questo è vero.

Però accanto a questo aspetto "altruistico" vi è un'altra componente che vuole **il possesso dell'altra persona**, **la sua costante presenza:** "non penserai per caso di lasciarmi qui da sola, vero? "o "dove sei stata per tutto questo tempo?", **la sua incontestabile devozione** "mi ami, ma quanto mi ami?", **la sua assoluta fedeltà** "fai troppo lo spiritoso con quella lì, guarda che ti controllo" oppure "perché sei vestita in questo modo per andare in ufficio? Mettiti qualcosa di più...serio".

Inoltre l'amore è spesso visto come la realizzazione dei propri desideri più dettagliati sul proprio compagno; è cioè spesso la ricerca del proprio ideale d'uomo e di donna, sia per gli aspetti fisici che psicologici: lei dev'essere alta tot, pesare non più di tot, con gli occhi di quel colore, con quel tipo di viso o di gambe o di seno ecc., poi dev'essere intelligente (deve sempre essere intelligente anche se nessuno ha ben chiaro cosa ciò significhi, ognuno ha la sua idea di "intelligenza"), colta (come? come Einstein, come Montale o come un commercialista?), brava in cucina (e in tutte le altre stanze) e poi una brava mamma, figlia, e soprattutto... nuora.

E che dire di come dev'essere Lui? Prima di tutto affascinante (cioè?), poi forte sia fisicamente che psicologicamente "una che dia...come dire, sicurezza ad una donna, ecco sicurezza"(fisicamente forte come? come Tyson o come un maratoneta?, come un ballerino classico o come un ciclista da Parigi-Roubaix?), poi dev'essere intelligente (vedi sopra), di successo (dove, in che campo, a confronto di chi?), sensibile (a che cosa?), comprensivo (sicuramente verso l'amata, ma verso la suocera dell'amata?), buon padre e ovviamente bravo... genero.

Infinite e imprecise sono le nostre aspettative nei confronti dell'altro. Siamo bravissimi a chiedere ciò che vogliamo o crediamo di volere, e molto meno bravi a riconoscere quanto di meno diamo, rispetto a ciò che chiediamo.

L'amore è troppo spesso egoismo mascherato da altruismo: possessività verso "l'amato". Troppo spesso la persona amata è soprattutto una cosa "di proprietà", che nessuno deve insidiare od avvicinare; una persona che deve fare quello che l'altro desidera.

Inoltre troppo spesso si crea una dipendenza dall'altro: un "bisogno", un "desiderio" dell'altro senza il quale "non si può vivere" senza il quale "la vita non ha più scopo".

Una sorta di tossicodipendenza psicologica.

Tutti abbiamo avuto modo di sperimentare questo stato psicologico e le sue conseguenze, quando si è arrivati alla rottura, spesso in età giovanile, di un rapporto sentimentale interrotto nostro malgrado, che ci ha causato grande dolore. Vi sono intere vite che vengono distrutte da questo. Nonostante ciò, pochi si pongono domande circa la natura di questi tipi di legami psichici, su cosa li determini e su cosa significhino. Si preferisce ignorare la questione o ricorrere a frasi fatte del tipo "l'amore è inesplicabile" o "si tratta di una magia" o altre cose del genere.

In realtà esistono dei meccanismi psichici ben precisi, anche se diversi da caso a caso e da persona a persona, che creano i presupposti perché una determinata relazione abbia inizio e perché abbia poi anche termine; gli psicologi si trovano quotidianamente di fronte a queste situazioni.

Esiste comunque anche il vero sentimento d'amore, quasi sempre mescolato a quello appena visto, che agisce all'interno di un rapporto sentimentale. Vi sono degli elementi che aiutano ad individuarlo: innanzitutto vi è il desiderio, l'aspirazione a volere il bene dell'altro più che il proprio; c'è cioè l'obiettivo di rendere l'altro felice, anche se ciò può causare qualche dispiacere o privazione da parte di chi ama; la cosa che più interessa a chi ama, non è sapere quanto l'altro lo ami, ma quanto l'altro sia felice e quanto l'altro cresca e si liberi dalle sue incapacità, sofferenze e limiti.

Un esempio importante di questi aspetti dell'amore è dato dalla vita stessa: sembra quasi che la vita stessa sia concepita per essere una "scuola d'amore" che, proprio come le scuole normali, procede per livelli di difficoltà sempre maggiori, per insegnarci a liberarci dell'egoismo.

All'inizio della vita c'è l'infanzia: in questa fase dell'esistenza non viene richiesto al bambino di amare: è semplicemente amato senza condizioni; viene accudito in tutti i suoi bisogni, viene sopportato dai genitori se non dorme di notte, viene nutrito e curato che se lo meriti o meno, perché l'amore è incondizionato.

Crescendo, all'infanzia si sostituisce la fanciullezza: in questa fase cominciano a presentarsi i piccoli doveri: inizia l'educazione morale. Il fanciullo deve cominciare ad essere un po' autonomo e responsabile: deve fare i compiti, tenere in ordine le cose, comportarsi educatamente con genitori ed estranei. L'amore comincia ad essere un poco condizionato, o almeno ne è un po' condizionata la sua manifestazione: cominciano a manifestarsi delle aspettative.

Poi arriva la gioventù. In questa fase, il sentimento d'amore inizia non più ad essere unicamente indirizzato verso i genitori ma si rivolge anche ai coetanei, soprattutto dell'altro sesso, ma non solo. E' il momento dell'integrazione all'interno del gruppo di riferimento, cioè gli amici, la squadra, la gang, ecc. All'interno del gruppo l'accettazione del giovane è vincolata al rispetto delle "regole" del gruppo stesso e l'amore e/o l'amicizia è fortemente condizionata da questa integrazione. Il "prezzo" per essere amati è più alto, non è più scontato né incondizionato. In questa fase può già accadere che si ami senza essere corrisposti, cosa questa inaspettata ed imprevedibile rispetto alla vita in famiglia.

Dopo la gioventù, abbiamo l'età adulta. I rapporti affettivi si fanno ancora più complessi. Se nel gruppo giovanile si veniva accettati ed amati perché facenti parte del gruppo (ciò è quasi sempre sufficiente), nell'età adulta si viene accettati se "gli altri" trovano che il modo di vivere dell'adulto sia conforme a quanto essi ritengono giusto, se le opinioni dell'adulto sono condivisibili, se il suo modo di intendere la vita è giusto; in altri termini l'amore e l'accettazione bisogna "meritarli".

Dopo l'età adulta la situazione è quella della vecchiaia. In questa fase dell'esistenza l'amore degli altri è perla rara. Spesso si è visti come un peso da parte dei più giovani, che preferiscono restare con chi è nel pieno della vita, in grado di godere di quanto la vita può offrire sotto ogni profilo. In questa fase l'amore non è più del tutto possibile guadagnarselo perché poco dipende da ciò che l'anziano è o fa mentre invece molto dipende dagli altri.

Ciò è quello che generalmente succede dal lato della *ricezione* di amore ed accettazione da parte del mondo. C'è poi l'altra medaglia, quella della *donazione* d'amore, cioè delle caratteristiche che hanno i sentimenti *verso* l'altro.
Come abbiamo visto, nella fase di ricezione si nota un progressivo aumento delle condizioni a cui è soggetto l'amore degli altri, mentre dal lato della donazione abbiamo un processo inverso: più si percorre nella vita più ci è richiesto un amore *incondizionato*.
Passando dall'infanzia alla fanciullezza l'amore che davamo era in cambio di cibo e protezione (anche se non ne avevamo coscienza), poi diventa un amore dato in cambio di meno garanzie (il cibo c'è ancora e la protezione pure, però bisogna cominciare a fare i compiti, a tenere in ordine la stanza ecc. ecc.).
Poi con la gioventù l'amore che dobbiamo dare ai genitori è dovuto nonostante i molti obblighi che derivano (studiare, ordinare la casa, spesso lavorare, dare una parte della propria paga o comunque chiederne sempre meno, essere più indipendenti e al contempo più utili in casa, accudire ai fratelli più piccoli, accompagnare i genitori che non sono più così autosufficienti ecc. ecc.
Arrivando all'età adulta, gli obblighi aumentano ancora: nascono i figli che richiedono l'amore

incondizionato visto prima; i genitori sono ormai anziani e bisognosi di molte cure. L'amore che vi viene richiesto è sempre più totale e coinvolgente. Sempre meno potete pensare a voi stessi, a ciò che amate fare; sempre più persone ruotano intorno a voi, avendo di voi bisogno in tutto: pappe e pannolini per il piccolo, consigli per il ragazzo più grandicello, soldi per l'università del più grande, compagnia per i genitori, pazienza con i colleghi e amici.

Passando poi alla vecchiaia, l'amore che tendenzialmente si dà è senza ritorno: i figli sopportano a fatica i vecchi genitori; nella vita sociale si è quasi sempre emarginati, se non vilipesi ed umiliati. Ci vuole veramente un cuore grande per riuscire ad amare il mondo quando si è vecchi; il mondo stesso è sempre meno comprensibile, caratterizzato da tecnologie e confusione, dove perfino i giovani faticano a tenere il passo.

Vi è quindi un percorso sempre più irto verso la capacità di superare il proprio egoismo: mentre ci si addentra nella vita, aumenta ciò che ci viene richiesto e diminuisce ciò che ci viene concesso. Il prezzo per riuscire ad andare avanti è quello di imparare ad accettare la vita, il mondo e soprattutto gli altri, per quello che sono, ad amarli, accettarli, comprenderli, nonostante tutto.

E' nella vecchiaia che la sfida arriva al suo culmine: il corpo che si deteriora, insieme spesso ad alcune delle nostre facoltà mentali, sono lì a dirci della nostra fragilità, a dispetto di ciò che eravamo, della forza di cui ci vantavamo, della sensazione di vigore ed invincibilità che respiravamo.

La morte alle porte è in definitiva una grande maestra di vita.

3.6: La Libertà

La libertà è un altro di quei concetti che sono al centro delle considerazioni e dei desideri degli uomini. Tutti vogliono esser liberi, non è vero?
Ma cosa è la libertà? Qual é la vera essenza della libertà? La libertà è fare ciò che si vuole? E' vivere senza regole? E' essere anticonformisti?
Sul concetto di libertà c'è l'universale condivisione della positività del concetto, ma non piena omogeneità su ciò che la costituisce e la determina.
La libertà possiamo definirla come assenza di costrizioni. Una libertà assoluta può essere definita come totale mancanza di costrizioni ed obblighi. Questa è una definizione che può incontrare il favore della maggior parte delle persone. Tendenzialmente quando si pensa alla libertà, si pensa a ciò o a chi la limita. Si pensa prevalentemente ai comportamenti sociali e personali, alle regole e alle leggi, scritte e non, che impongono obblighi alle singole persone, a noi. Generalmente si ritiene che tolti di mezzo gli ostacoli esterni, la nostra libertà sarà piena. Quello che invece non si tiene mai o quasi mai in considerazione, sono gli ostacoli "interni" a noi stessi che limitano fortemente la nostra libertà. Sono prevalentemente le nostra schiavitù interiori quelle che più ci privano della libertà. In altri termini, noi tutti tendiamo a vedere la mancanza di libertà come impossibilità imposta dall'esterno di soddisfare i nostri desideri, ma molto difficilmente cerchiamo di vedere quanto noi stessi siamo schiavi dei desideri che abbiamo.

La domanda da porsi, infatti, è: **quanto sono libero?**
La libertà interessa tutti, non è vero? Siamo sicuri di essere liberi? Una domanda illuminante al riguardo è: ammesso che volessi rinunciare anche a una sola mia passione (o convinzione, abitudine, desiderio), ne sarei davvero capace?
Poniamo che siate un fumatore e arrivi qualcuno a convincervi che vi conviene e molto (ed è vero) smettere di fumare. Bene, ne sareste capaci? E con quali sforzi?

Gli sforzi che dovreste fare sono le vostre catene, la vostra schiavitù.

Quanta fatica fareste a cambiare le vostre idee, se lo voleste? Vi sarebbe facile cambiare idea sul successo? Vi sarebbe facile rinunciare all'attaccamento per la vostra nazione, per la vostra religione? Oppure non riuscendo a cambiare le vostre idee, affermereste che vanno bene come sono? Conoscete la favola di Fedro della volpe e dell'uva?

Una volpe costretta dalla fame tentava di prendere dell'uva su un alto pergolato saltando con tutte le forze.
Dato che non riuscì a raggiungerla, allontanandosi disse:
"Non è ancora matura; non voglio prenderla acerba".

Anche per voi l'uva è ancora acerba? Quello che stiamo cercando di aiutarvi a fare è di saltare un po' più in alto, cioè essere liberi di fare le vostre scelte, di rimanere flessibili e aperti alle novità e alle sorprese che la vita vi pone davanti, di essere davvero voi gli autori delle vostre scelte.

Qualcuno di voi si starà chiedendo: "ma come, adesso non si può nemmeno più avere delle opinioni, delle convinzioni, delle idee? Ovviamente sì! Tutti abbiamo delle opinioni. Il punto però è un altro: siete liberi di cambiare le vostre opinioni? Siete liberi, se lo desiderate di non soffrire se le vostre idee non vengono accettate, condivise, seguite? Siete in grado di essere indipendenti dai giudizi degli altri? Siete in grado di ammettere a voi stessi che avete torto e quindi cambiare le vostre opinioni?

Perché si soffre quando le proprie idee non vengono accettate? Perché non ci si sente accettati, amati e perché ci si sente attaccati sulla propria idea di giustizia, sulla propria idea *di ciò che è giusto*. Vi è un confine molto sottile tra avere una convinzione ed esserne così fortemente attaccati al punto di **non saper rinunciarvi**. Non saper rinunciare significa essere schiavi, proprio come essere tossicodipendenti.

In effetti quando ci si rende conto dei meccanismi mentali che schiavizzano, e si decide che non li si vuole più, si sperimenta **il dolore del cambiamento.** Quando si decide di affrontare il cambiamento, la mente rivela la sua vera natura schiavizzante, come un demone che viene allo scoperto, opponendosi, opponendosi strenuamente alla vostra nuova visione, la mente ripercorre ostinatamente, continuamente i vecchi percorsi, i precedenti modi di essere, nonostante voi non siate assolutamente più d'accordo con il vecchio schema di riferimento.

E' a questo punto che chi affronta la sfida diventa più vulnerabile. Come chi abbia affrontato un insidioso guado sul fiume e giunto in mezzo ad esso senta le forze abbandonarlo e si chieda "ma chi me lo ha fatto fare, stavo così bene dov'ero" tutto era più semplice! Nel famoso film di fantascienza "Matrix", abbiamo un esempio di questa situazione, legata alla schiavitù della mente. In Matrix gli abitanti di questo mondo vivono in realtà in un mondo finto, completamente progettato, inventato da macchine e computers che hanno preso il controllo sulle menti degli uomini e li tengono segregati in celle, in uno stato di incoscienza di sé, facendo loro sognare di vivere un'esistenza che in realtà non esiste. Uno dei "ribelli" che era stato "risvegliato" e "liberato" dalla illusione della vita virtuale, tradisce gli stessi ribelli, perché incapace di resistere nella realtà vera, non più caratterizzata dal soddisfacimento di tutti i desideri che le macchine assicuravano alle menti dei loro schiavi, e chiede per il tradimento di essere ricompensato con la reintroduzione nel mondo virtuale: tornare al di qua del fiume, appunto.

3.7: La paura di quello che pensano gli altri

Una delle cose più difficili da riuscire a vedere in sé stessi è la natura obbligatoria di certi comportamenti; quasi sempre riteniamo che quello che in realtà è una nostra schiavitù, sia una nostra libera scelta. Quasi sempre è invece il pensiero comune o l'educazione ricevuta o la paura dell'adozione di un comportamento diverso, che ci guida e condiziona. Acquisiamo così comportamenti inconsci che poi ci schiavizzano.

Uno degli atteggiamenti più diffusi è dato dalla preoccupazione di ciò che pensa il nostro prossimo.

Quanti di noi sono in costante apprensione per "quello che pensano gli altri"?

La preoccupazione di ciò che pensa il prossimo ha una sua ragione di fondo che ha a che fare con la nostra mente "corporea". Come detto la mente corporea ha come principale obiettivo la sopravvivenza fisica. Ciò che perfino gli animali sanno molto bene è che avere un branco che ti difende aumenta la possibilità di vita e di sopravvivenza. Essere d'accordo con il branco significa correre meno rischi. E' per questo che il comportamento fuori dagli schemi è sempre stato visto male. Oltre a ciò vi sono tutti i membri del branco (o se preferite "gruppo sociale") che mal sopportano quelli che vengono a proporre qualcosa di nuovo e di diverso, qualsiasi cosa essa sia, anche se dovesse comportare vantaggi per tutta la collettività. Questo è dovuto al fatto che prendere in considerazione nuove strade *è faticoso* implica ridefinire e talvolta sconvolgere il proprio schema di valori e modi di vivere. La scelta quindi di andare contro corrente è rischiosa: il "gruppo" non vuole cambiare le proprie regole.

Questo archetipo mentale si è così tramandato di generazione in generazione fino ad oggi, riuscendo a creare milioni e milioni di piccoli schiavi che "non capiscono ma si adeguano". La cosa ha poi raggiunto il più evidente nonsenso ai giorni nostri dove nei fatti l'uniformità di vedute si è sempre più ridotta e la "cultura dominante" semplicemente non esiste più. Oggi la cosa più anticonformista che esista è essere conformisti, visto che tutti sono "diversi". C'è chi ama andare in giro su potenti e rumorose motociclette e chi ama le silenziose gite in bicicletta; chi vuole "andare fuori" con le droghe di vario tipo e chi è fanatico del "fitness"; chi pensa che non ci sia niente di più importante del mangiare bene e chi vive di diete a base di verdure. Fortunatamente, almeno nel mondo industrializzato, le possibilità di soddisfare le nostre inclinazioni sono molto ampie.

Resta comunque il fatto, nonostante l'evidenza che il mondo presenti le più svariate tendenze e valori, che la gente si preoccupa sempre di quello che pensano gli altri.

Il punto è che non si può piacere a tutti. Essere disapprovati da qualcuno, da qualche gruppo, è semplicemente inevitabile.

Se siete per esempio fautori delle vacanze in campeggio, avrete sicuramente qualcuno che vi criticherà perché non andate in albergo (per esempio gli albergatori); se amate l'ecologia e siete contro l'inquinamento, sarete mal sopportati dai possessori di auto sportive e di grosse imbarcazioni a motore che vogliono continuare a "divertirsi" inquinando; se volete che vengano pagate le tasse avrete chi le evade allegramente che vi guarderà di traverso; se siete propensi a risparmiare denaro nei consumi a favore degli investimenti sarete criticati da chi ama sciare e divertirsi; se siete di idee politiche di un tipo avrete quelli che la pensano diversamente che tenteranno di entrare in conflitto con voi, e così via. I disaccordi possono essere di piccola entità o anche grossissimi, in grado di causare gravi danni, anche guerre.

La preoccupazione di ciò che pensano gli altri e il desiderio di comportarsi secondo quello che stabilisce il gruppo/branco di riferimento comporta che *la persona acquisisce acriticamente come proprio lo schema dei valori del gruppo,* convincendosi che "è giusto comportarsi così". Il desiderio di integrarsi è così forte che è molto più agevole e meno stressante modificare i propri punti di vista a favore dei valori del gruppo di riferimento, piuttosto che ingaggiare un difficile confronto che porterebbe probabilmente alla rottura. La conseguenza di ciò è che **la mente tenderà a dirvi che quel modo di vedere le cose è giusto** mimetizzando così un problema che andrebbe invece risolto.

Un esempio abbastanza significativo è quello dell'appartenenza a gruppi religiosi. L'appartenenza ad un gruppo di questo tipo porta con sé una serie importante, basilare, di significati e di valori; in queste situazioni vengono soddisfatti i bisogni di protezione visti prima, la possibilità di condividere scelte e concetti che hanno a che fare con lo Scopo dell'esistenza, la speranza di vedere accettati i propri difetti e limiti in virtù dei valori di accettazione professati, la convinzione di trovare amore ed amicizia e, ultimo ma non meno importante, il sentimento di appartenenza a qualcosa di speciale (gli Eletti, i Giusti, i Salvati per l'Eternità). Se si guardano le cose con un po' di attenzione si vedrà che queste caratteristiche fanno parte, in percentuali magari diverse, di <u>tutti</u> i gruppi. Perfino i gruppi di malavita organizzata hanno in sé alcuni di questi valori, quali la fedeltà, il reciproco aiuto, l'appartenenza a qualcosa di temuto, quasi invincibile, perfino la fedeltà al "credo" (e al capo) fino alla morte.

I bisogni psicologici che vengono soddisfatti all'interno di un gruppo religioso sono così forti che spessissimo diventa quasi secondario il fatto che vi sia professata la verità o la menzogna: gli appartenenti non hanno nessuna intenzione di lasciare il gruppo che di fatto diventa un mondo alternativo a quello "fuori", il cui abbandono sarebbe semplicemente impensabile, insopportabile. Spesso questi gruppi sono poi caratterizzati da un buon ambiente interno, caldo ed amichevole. In questi casi i membri sono convinti che lo Spirito Santo o la Luce del Buddha, la presenza di Krisna o qualsiasi altra Forza, sia presente, e che quindi la Verità sia lì con loro. Ciò succede a prescindere dalla veridicità o meno di questa convinzione. Altre volte accade che il gruppo di appartenenza sia storicamente radicato nella società locale e riscuota l'approvazione sociale. In questi casi può facilmente accadere che seppur le guide spirituali mostrino parecchie mancanze ed incoerenze rispetto ai sacri insegnamenti e sia palese che è il denaro piuttosto che lo Spirito a muovere le fila, alle menti dei fedeli appare impossibile che ci sia qualcosa che non va e appare quindi improponibile e blasfema qualsiasi critica alle guide.

Quello che è importante, nel caso voi faceste parte attivamente di qualche gruppo filosofico o religioso (o comunque di qualsiasi altro gruppo) è **porvi la domanda**: *sarei in grado di lasciare il gruppo se scoprissi che vi sono contraddizioni inconciliabili tra la Verità* (quella che è l'idea che vi siete formata della Verità Trascendente), *che viene ufficialmente professata e diffusa all'interno del mio gruppo, e i comportamenti delle mie guide spirituali?*

In questo caso vi trovereste in difficoltà? Fareste fatica ad abbandonare il gruppo?

Se così fosse avreste al vostro interno un vincolo, un condizionamento, che non ha che fare con la vostra idea di quella che è la Verità, ma che ha a che fare con il vostro desiderio di protezione e sicurezza:

sarebbe cioè, in misura maggiore o minore legata ad una vostra paura.

Attenzione, però! Questo desiderio di aggregazione al gruppo, questo bisogno di appartenere, di essere approvati, **vale per tutti i tipi di aggregazione e di gruppo:** vale per credi politici, per gruppi giovanili, per i legami familiari, per i sentimenti nazionalistici.

Non stiamo dicendo che qualsiasi tipo di aggregazione ha queste caratteristiche e solo queste. Stiamo evidenziando che *può esistere e spesso esiste,* un forte condizionamento ed asservimento al gruppo, tale da offuscare la capacità di essere obiettivi ed onesti con se stessi.

Nel caso vi riconosceste nell'esempio fatto, potreste provare a chiedervi: *quale è la cosa peggiore che mi potrebbe accadere se lasciassi il gruppo?* Nella sincera risposta che vi dareste c'è, con molta probabilità, la vostra paura in bella mostra!

Qualcuno potrà sentirsi risentito dalle argomentazioni esposte sui gruppi religiosi, considerandole irriguardose o prevenute. Non è così: il sentimento religioso è importante, anzi fondamentale, per tutti gli uomini, ma troppo spesso i più grossi condizionamenti sono stati causati da chiese, profeti, sacerdoti e guru interessati poco al Divino e molto al potere.

Un ragionamento può aiutare a capire: nel mondo ci sono centinaia di aggregazioni religiose grandi o piccole, con secoli di storia o pochi anni di vita. Ognuna di queste ha l'assoluta convinzione di Essere Nel Giusto.

Quindi si hanno due possibilità: o una di queste ha ragione ed è nella Giustizia e nella Verità e allora tutte le altre vivono nella menzogna, oppure tutte o molte hanno una parte di Verità (e quindi anche di menzogna) . Se è vera la prima affermazione, allora la maggior parte della popolazione mondiale è nell'errore e quindi le nostre considerazioni sono fondamentali per tutti meno che per una di queste. Se invece è vera la seconda affermazione allora tutti gli uomini hanno bisogno di confrontarsi e discutere per trovare una verità più Vera, e quindi, **essere in grado di scoprire vincoli e condizionamenti è di massima importanza per procedere sulla strada giusta.**

3.8: Ciò che è giusto e ciò che è sbagliato

Come vi risulterà evidente, i campi e gli argomenti in cui la mente subconscia si insinua, spinta dalla sua pulsione di sopravvivere, includono praticamente tutta la vita sia individuale che sociale.
Ciò che gli uomini ritengono fondamentale per la loro sopravvivenza, **giusto o sbagliato che sia il loro punto di vista,** conduce ad una serie di conseguenze negative per l'effetto di irrigidimento che il credere nel proprio punto di vista comporta. Reazioni aggressive, conflitti, isolamenti, nevrosi, psicosi e via peggiorando, **sono dovuti essenzialmente al fatto che c'è qualcosa che non si accetta nel profondo;** l'odio o se preferite la mancanza di amore, armonia e rispetto è, da un punto di vista dell'anatomia della mente e del suo funzionamento, semplicemente la quantità di energia emozionale (di rifiuto) che si mette in moto per evitare di accettare ciò che non si vuole accettare; e, allo stesso modo, ciò che non si vuole accettare è quello che noi riteniamo, **a torto o a ragione,** *ingiusto.*

E' questa la ragione per cui gli insegnamenti più alti della storia religiosa, ivi compreso l'insegnamento di Gesù di Nazareth, insistono sull'amore per il prossimo e sulla pratica del perdono. Attraverso la piena applicazione di questo principio infatti si evita di contrapporsi **anche se si ha ragione** (....e se qualcuno ti percuote su una guancia, tu porgigli anche l'altra...) interrompendo così il **supporto giustificativo** alla emozione d'odio e di aggressività violenta.

Ogni uomo è intimamente intessuto di idee ed orientamenti su ciò che è giusto e ciò che è sbagliato. Questa grande, basilare, categoria concettuale, si nasconde, per così dire, a se stessa: **diventa quasi impossibile per la mente mettersi in atteggiamento critico verso il suo segmentare il mondo e le idee in giusto e sbagliato.**

Facciamo un esempio. Ponete un caso di violenza e pedofilia su un bambino da parte di un gruppo di adulti e che ciò abbia portato alla morte del bimbo. Gli assassini vengono arrestati e li vedete in televisione. Che sentimento provate? Se li aveste tra le mani cosa fareste? Sentite l'ira che vi sale dal profondo?

Come potreste classificare questo sentimento? Positivo o negativo? Vi sentite bene o male? Le reazioni indubbiamente negative che provate sono date dal vostro **senso etico** e il vostro senso etico è quella cosa che vi dice che cosa è giusto e che cosa è sbagliato. Per voi (almeno mi auguro!) è profondamente sbagliato fare del male ad un bambino, e, a maggior ragione, fare certi tipi di male. Di conseguenza chi fa certe azioni risulta totalmente detestabile ed esecrabile, **odioso,** degno del nostro odio più viscerale.

Ora pensate all'odio in quanto tale: pensate al sentimento di odio svincolato da cause così pesanti e spregevoli: pensate a qualche vostra personale avversione verso qualche parente, pseudo-amico o collega; qualcosa di non particolarmente grave, ma che nondimeno vi provoca sentimenti negativi. Che giudizio date dell'odio in quanto tale? E' un sentimento giusto, corretto? E' da perseguire e ricercare come emozione? Probabilmente vi dite di no, vero? E avete ragione. Ma allora è giusto, *desiderabile,* il vostro odio verso un vile criminale e non è giusto quando riguarda persone e fatti più leggeri e quotidiani? L'odio è un sentimento positivo o negativo? Si sta bene *interiormente* quando si odia? Ed ancora: se potreste avere un grande potere, tale da poter evitare che vengano commessi crimini su bambini, lo usereste? Evitereste, se poteste, di ritrovarvi nella condizione di nutrire odio per il criminale pedofilo, se poteste? Eravate più sereni **prima** di conoscere l'esistenza di tali crimini inconfessabili, o **dopo** che li avete conosciuti?

In realtà ciò che sapete dentro di voi è che l'odio è un sentimento negativo, che fa soffrire, fa star male. E' distruttivo, sia per chi lo subisce sia per chi lo prova. E' evidente che certe situazioni, certi delitti vergognosi ed innominabili, suscitano l'avversione più profonda, ma *ciò al di là della nostra volontà.* Ciò che tutti noi vorremmo è invece sentirci a posto tranquilli, sereni, felici della nostra vita e dei giorni che abbiamo davanti. Purtroppo non è così facile.

L'odio nasce essenzialmente dall'opposizione violenta dell'essere a qualcosa o qualcuno, che si ritiene stia facendo del danno grave all'essere stesso o a qualche altro essere, senza che ciò abbia una giustificazione. E', in altre parole, una totale avversione a ciò che si ritiene **sbagliato.**

3.9: Il Peccato Originale

Di conseguenza, se non vi fosse un concetto di giusto e sbagliato già presente dentro di noi, non esisterebbe il prerequisito, la precondizione, l'elemento stesso che è in grado di produrre l'odio, perché esso nasce da un'avversione etica.
Leggete con attenzione questo passo biblico fondamentale: ogni parola ha il suo senso e significato.

"Il Signore Dio diede questo comando all'uomo "tu potrai mangiare di tutti gli alberi del giardino, ma dell'albero della Conoscenza del Bene e del Male non devi mangiare perché, quando tu ne mangiassi, certamente moriresti."[4]

La conoscenza, la consapevolezza (poco importa se la conoscenza sia reale o no perché è *l'idea* di conoscenza che crea l'effetto) di ciò che è bene e di ciò che è male ci fa inclini a preferire, amare, ciò che consideriamo bene, e ad **avversare, odiare, combattere, contrastare** ciò che consideriamo male.

---

[4] La Bibbia di Gerusalemme: Genesi cap2, vers.16, pag.38

Da un punto di vista psicologico, noi non possiamo odiare senza un sentimento di avversione all'oggetto del nostro odio, e il sentimento di avversione (che è un desiderio, una sete, qualcosa che deve essere soddisfatto) si sviluppa sulla base di un'esigenza di **giustizia**, che è originata da un concetto che ha a che vedere con un'idea di bene **e** male.

Infatti non può esistere un'idea di bene se non esiste il suo opposto. Come si può infatti definire un sopra senza un sotto e una destra senza una sinistra? O un alto senza un basso?

Ciò è dovuto al fatto che la mente è in grado di concepire, solamente spezzettando i concetti in tante parti tra loro diverse e quasi sempre in contrasto, creando dei valori opposti. Come è stato esposto nella parte sul comportamento della mente, essa ragiona per identità e differenze: se A è diverso da B, allora non può essere che A sia uguale a B, ragione per cui, se una cosa A è bene, una cosa opposta o diversa come B è male (o comunque meno bene); ad esempio se essere cristiani è Bene ed è Giusto, essere buddisti è Male (o comunque meno Bene), è sbagliato (o comunque meno Giusto), e viceversa; oppure: se essere americani è bene, essere francesi (o tedeschi o italiani ecc.) è male, e viceversa.

Questo è così vero che quando l'uomo, che rimane sempre l'essere più intelligente, si rende conto che procedere con queste categorie è palesemente impreciso o peggio scorretto, inizia obbligatoriamente a sfumare i suoi concetti di "meglio e peggio" di "bene e male", articolando il suo pensiero, facendo emergere giudizi più neutri sulla realtà.

Per fare un esempio concreto, quando una persona ha occasione di viaggiare molto all'estero e di conoscere diverse nazioni, popoli, usanze e religioni, ed entrare in contatto diretto con persone di diversa origine e cultura scoprendo negli uomini le stesse qualità e difetti che esistono nel suo paese nativo, trova difficile, incoerente, insostenibile, assumere atteggiamenti di rigida preferenza nei confronti della propria cultura, e tende a fare valutazioni "trasversali", cogliendo il meglio e il peggio nei comportamenti delle singole persone, più che nelle culture, nei popoli, in quanto tali.

In realtà la divisione creata dai principi etici di bene e male, porta in se stessa il male, perché l'attaccamento dell'uomo a ciò che è bene e la sua avversione a ciò che è male, PRODUCE L'ODIO.

Gli appartenenti alle religioni che si rifanno alla Bibbia credono che la stessa sia stata scritta dietro ispirazione di Dio stesso. Non ci è dato di esserne certi, però è vero che chi ha scritto o fatto scrivere quel passo della Genesi aveva ben in mente l'origine dell'odio e del dolore e la sapeva lunga sul "peccato" dell'uomo.

Il peccato originale non è qualcosa che si è originato ad un certo momento della storia dell'uomo e non è dovuto ad una disobbedienza verso Dio, ma è il vizio originario presente nel nostro modo di vedere le cose.

Così la maledizione di Dio e la cacciata dal paradiso terrestre non è come potrebbe sembrare, la "vendetta" di Dio, ma è purtroppo, l'obbligatoria e naturale conseguenza dell'aver voluto "conoscere" il Bene e il Male.

La nostra "cacciata" non è opera di Dio, ma nostra. La nostra "sete" (architrave portante dell'insegnamento Buddista), di conoscere ci ha portato a "guardarci dentro", rivolgendo metaforicamente lo sguardo verso noi stessi. Ed è per questo atteggiamento che la Bibbia narra che Adamo e Eva si accorsero di essere nudi; in effetti lo erano anche prima del "peccato originale" ma solo dopo, rivolgendo **metaforicamente** lo sguardo su di sé, videro e capirono che erano nudi, cioè imperfetti. Avevano ora acquisito la "conoscenza" e avevano così perso l'innocenza: sapevano ora di non essere Dio, di non essere perfetti; l'innocenza era irrimediabilmente perduta per sempre.

Capitolo 4

Filosofia, Psicologia, Religione.

4.1: Filosofia, Psicologia, Religione,: discipline distinte?

L'insegnamento biblico è sorprendente per la stretta oggettività del concetto: non è, come invece potrebbe sembrare, una condanna divina emessa da un Dio collerico, ma è invece una logica, si potrebbe dire filosofica, psicologica, conseguenza di un certo modo di procedere della mente.

Il racconto biblico, rappresentando Dio che opera la cacciata, è rivestito di monoteismo quasi si volesse occultare la verità sull'Uomo e ridurne la sua capacità di autoanalisi.

Dio sembra voler dire: tu uomo ti allontani dai miei insegnamenti pensando di essere in grado di "gestirti" da solo, ma io so che tu non puoi perseguire il bene con le tue sole forze: sei troppo limitato per poterlo fare. Devi credere di **non** poter essere in grado di liberarti dal male *se davvero te ne vuoi liberare. Fino a quando riterrai di avere la conoscenza, ne sarai schiavo perché ne sarai affascinato e soggiogato.*

Uno degli aforismi più belli del Buddismo, peraltro ricchissimo di suggestioni sull'argomento della

conoscenza e degli attaccamenti, recita pressappoco
così:
Il discepolo chiese al Buddha:
"Dimmi, o Venerabile, cos'è il contrario di
ignoranza?"
Il Buddha rispose "il contrario di ignoranza è
conoscenza, o discepolo"
"E dimmi", chiese ancora il discepolo, "cos'è il
contrario di conoscenza?"
Il Buddha rispose "il contrario di conoscenza è
libertà, o discepolo".
Ma il discepolo era curioso e seguitò a chiedere:
"Perdonami o Sublime se ti importuno ancora, ma
vorrei farti un'ultima domanda. Cos'è il contrario di
libertà?
Egli rispose "il contrario di libertà è Nirvana, o
discepolo."

Come si può vedere la conoscenza è ancora
considerata una schiavitù e perfino la libertà, per
così dire, non è vera libertà finché la si assapora, la
si gusta, la si gode: anche il senso di libertà è un
attaccamento alla sua stessa essenza: anch'essa,
per raggiungere la perfezione, va superata, per
giungere alla pace perfetta, al Regno dei Cieli, al
Nirvana.
Ma questo modo di vedere le cose non è esclusiva
prerogativa delle religioni e delle filosofie. Anche la
psicologia insegna ad uscire dai sentieri del
conosciuto per affrontare l'ignoto, il non-
programmabile, per gettare il cuore oltre l'ostacolo,
e raggiungere la libertà dai condizionamenti, dal
pensiero dominante del proprio gruppo, dalle

convenzioni sociali. Non si raggiunge la libertà senza rotture e rischi, fuori dal conosciuto. Ma allo stesso modo, raggiunta la libertà, non si deve fare di essa un Dio assoluto, quasi che si avesse paura di perderla, e rifugiarsi quindi nella propria raggiunta autodeterminazione, libera sì dai condizionamenti, ma anche lontana dai propri simili. Raggiunta la libertà, la si mette al servizio degli altri uomini (i Cristiani e i Musulmani li chiamano fratelli) per il bene di tutti.

Così vediamo che, andando più in profondità, i punti di contatto tra religione, filosofia e psicologia, sono forti, troppo forti e numerosi per essere casuali. E così deve essere perché se é l'uomo l'oggetto di indagine, se ben lo si studia, i risultati dell'analisi devono coincidere.

Se il peccato, religiosamente parlando, è la mancanza di perfezione che Dio ci imputa, significa che esiste un concetto di perfezione che ci viene richiesto (siate perfetti come è perfetto il Padre Vostro che è nei Cieli......) e allo stesso modo, se la psicologia studia l'uomo e le vie per portarlo verso il suo miglioramento e verso la felicità, ci ritroviamo sullo stesso solco, e se la Filosofia si interroga sulla natura dell'Uomo e del mondo come è e come dovrebbe essere Qual è l'obiettivo? Sempre lo stesso: il perfezionamento dell'uomo.

Quali sono gli **Scopi** della Filosofia, della Psicologia, della Religione? La psicologia come spiega l'origine della parola è lo studio, la scienza della psiche; psiche viene dal greco e significa "anima", quindi in definitiva la psicologia è lo studio dell'anima. E quale altro scopo può avere tale studio dell'anima, se non quello di migliorarla, evolverla, guarirla?

Quindi possiamo dire che se non si ha come scopo della psicologia quello di migliorare le anime, non si ha alcun scopo di una qualche utilità. E che dire dello scopo della filosofia? Filosofia significa "amore della sapienza". Considerate che nel Vangelo di Giovanni al verso 1:1 si legge: "In principio era il Verbo, il Verbo era presso Dio e il Verbo era Dio.", vale a dire che Gesù di Nazareth viene presentato come il Verbo che significa appunto " parola di Dio". Il Verbo è inteso anche come "Logos" di Dio.

Nel Cristianesimo Dio quindi si esprime e *manifesta* il Suo pensiero, *esprime* le sue idee, attraverso un uomo che è *manifestazione* di Dio. Allo stesso modo nella filosofia, Platone definisce "logos" Dio stesso, in quanto *origine* delle idee e quindi il Verbo è, anche da un punto di vista filosofico la manifestazione del "logos". Quindi "l'amore della sapienza" cioè la filosofia, tradotto nel linguaggio cristiano significa amore del Verbo, cioè amore di Dio.

La filosofia platonica, ha avuto come campo d'indagine le nozioni di Bene e Male (l'Uno e la Diade), l'affermazione della superiorità delle idee sull'esperienza sensibile e l'affermazione di un'anima immortale. E in buona sostanza, tutta la filosofia si è sempre occupata dell'uomo, dei suoi processi di pensiero e di acquisizione della conoscenza, della interpretazione della realtà e dell'etica.

E che dire dello scopo della religione? Qual è il suo scopo? E' uno scopo che ha che fare con questa vita o con una vita ultraterrena? Di sicuro abbiamo che nella religione cristiana, il più grande comandamento è "Vi do un comandamento nuovo:

che vi amiate gli uni gli altri; come io vi ho amato, così amatevi anche voi gli uni gli altri. - **Giovanni 13:34.**

Appare chiaro che nella tradizione cristiana l'accento è sul cambiamento interiore, che produca cambiamenti nei rapporti tra gli uomini e quindi il paradiso in terra. L'ottica trascendente, la vita dopo la morte, la vita eterna, è il premio, la conseguenza per questo cambiamento, non l'unico scopo. Quindi anche nella religione l'obiettivo è quello di migliorare l'anima, di poterla portare ad essere capace di amare il prossimo, di ottenere la "conversione" del cuore: "Fate dunque opere degne della <u>conversione</u> e non cominciate a dire in voi stessi: abbiamo Abramo per padre! Perché io vi dico che Dio può far nascere figli ad Abramo anche da queste pietre. - **Luca 3:8.**

La correlazione tra filosofia, psicologia e religione è più stretta di quanto comunemente si ritiene.

Quando si parla di crescita personale e di miglioramento di noi stessi, volenti o nolenti si entra nel campo dell'esistenzialismo e quindi della definizione degli scopi, obiettivi, del senso della vita, e quindi di ciò che viene preso in considerazione in termini di Bene e Male a livello assoluto.

Per esempio non è possibile eludere la questione religiosa quando si parla di psicologia perché nel momento in cui la terapia dello psicoterapeuta si applica, essa interviene negli schemi **dell'etica** del paziente. Non esiste e non può esistere una terapia "neutra" eticamente, cioè scientifica, perché nel momento in cui si stabilisce anche solamente che deve essere alleviato il dolore del paziente e esso ha a che fare con i suoi schemi etici e i suoi valori, occorre

nella terapia entrare in questi schemi e cercare di modificarli al fine di risolvere il dolore. Nel momento in cui si cerca per esempio di far elaborare un processo edipico, si afferma implicitamente che un complesso edipico non deve esistere ed è quindi **male**. Quand'anche si volesse limitare lo Scopo della psicoterapia alla riduzione del dolore e della sofferenza psichica, il terapista interviene per *modificare* il sistema di valori del paziente, cercando di disarticolare e destrutturare quegli schemi (es.: sensi di colpa, idee sui rapporti personali ecc.) che producono dolore e sofferenza *in quella persona*
Le infinite dispute quindi tra ciò che è religione e ciò che non lo è, sono in realtà più apparenti che reali ed hanno molto più a che fare con i riti e le affermazioni dogmatiche che con la sostanza della spiritualità.

Tutte le concezioni che hanno come fine quello di indirizzare i valori, gli atteggiamenti, le convinzioni degli uomini, sono religioni, anche se il loro campo di intervento può essere tutto all'interno della vita mortale e materiale cioè immanente e non trascendente.

4.2: La vita eterna

Quasi tutti ci siamo chiesti almeno una volta nella vita qual è lo scopo, il senso della vita stessa. Ognuno di noi ha cercato di darsi una risposta che possa essere plausibile, sensata. Molti avranno trovato una risposta che viene dalla propria educazione religiosa o dalla propria esperienza di vita; altri avranno trovato un grande punto interrogativo, senza una vera risposta.

La scienza ha proceduto nella scoperta delle leggi di natura studiando ed osservando con attenzione ciò che avviene nella vita reale dando così delle risposte sulla base dell'analisi dei comportamenti degli esseri viventi e dell'uomo stesso.

Una delle cose che è apparsa chiara nello studio della vita è che tutte le specie cercano in massimo grado di fare soprattutto una cosa: sopravvivere! Come abbiamo accennato all'inizio, il desiderio è uno degli elementi fondamentali della spiegazione dei meccanismi della vita, e il desiderio di sopravvivere è il più forte in assoluto anche se non è l'unico.

Bene, sopravvivere, lo abbiamo ripetuto più volte, è il principale (se non l'unico) comandamento del corpo fisico.

Il corpo fisico è la struttura dominante nel mondo animale e vegetale. La natura, in effetti, non fa che sopravvivere in modo indefinito, attraverso una serie di meccanismi biologici e di fasi che sono: nascita, sviluppo, riproduzione, morte. La morte è sicuramente un evento della singola creatura ma non della specie intera: muore la singola gazzella cacciata dal ghepardo, ma non muore la specie della gazzella. Muoiono i singoli uomini ma non muore la razza umana (almeno finora). Anzi, se prendiamo in considerazione il mondo delle cellule è veramente difficile affermare che esse muoiano, perché in realtà si duplicano e quindi, una parte della cellula originaria permane nella nuova.

In chiusura del primo capitolo avevamo fatto un accenno piuttosto importante che avremmo poi sviluppato e cioè che anche nelle religioni il premio dato per le buone azioni fatte e per l'evoluzione ottenuta è la **vita eterna.**

Anche nella religione c'è questa aspirazione dunque: nel Cristianesimo, nell'Islamismo e nell'Ebraismo (che hanno radici comuni) il premio è il Paradiso; nel Buddismo l'obiettivo è il Nirvana, dove non c'è inizio né fine, dove non c'è impermanenza che è la caratteristica della vita mortale; perfino nelle religioni e credenze dei pellirossa ci sono le grandi praterie; gli esempi sono innumerevoli.......

Quindi la Vita più lunga possibile, possibilmente eterna, è l'obiettivo. Vi sono però importanti interrogativi: se la vita mortale è l'unica vita che esiste, come è possibile raggiungere la vita eterna? E' la vita che conosciamo la vita eterna o lo può diventare? Oppure è una vita diversa, di tipo per così dire, spirituale? Come è possibile che la nostra vita materiale si trasformi in una vita non mortale? Perché tutte le visioni trascendenti questa vita parlano di vita eterna? C'è un modo per raggiungere questo tipo di vita?

E ancora: perché la vita eterna è sempre collegata a concetti di virtù spirituali e connessa a comportamenti per noi di difficile attuazione, piene di sacrifici, rinunce, preghiere, ascetismi e così via?

Vi sono sorprendenti punti di contatto tra la scienza e le religioni. Mano a mano che la scienza procede nelle scoperte sulle cause delle malattie e scopre i meccanismi che proteggono da queste e quelli che invece le favoriscono, sempre più vengono trovati punti di contatto con le discipline ascetiche e le norme religiose.

Uno dei concetti centrali che stanno emergendo è che lo stress è in grado di produrre una serie infinita di danni e ripercussioni sulla corretta funzionalità dell'organismo: lo stress altera le attività digestive, cerebrali, cardiache, ormonali, provoca innalzamento della produzione di radicali liberi, causa invecchiamento precoce. Perché?

La scienza medica e la biologia affermano che lo stress è biologicamente una reazione dell'organismo ad una situazione di *emergenza* che viene fronteggiata con un'accelerazione dei meccanismi di sopravvivenza: battito cardiaco, adrenalina, attività cerebrale, velocità di reazione tutto viene aumentato per fronteggiare l'emergenza. Questa modalità di funzionamento è possibile però solo per un breve periodo di tempo, dopo di che i danni sull'organismo diventano inevitabili: l'organismo non è strutturato per funzionare in condizioni estreme, ma per condizioni normali. La natura ci ha dotato di questi meccanismi di emergenza per fronteggiare una situazione di pericolo imminente: la possibilità di essere aggrediti e divorati da un animale feroce, il pericolo di essere morsi da un serpente velenoso o la possibilità di essere travolti da una valanga, sono tutte situazioni di pericolo di sopravvivenza che inducono l'organismo ad una reazione d'emergenza.

Lo stress è quindi fisiologicamente una reazione di emergenza dell'organismo. Perché allora lo stress diventa cronico? Perché la percezione di un pericolo diventa costante, continuo, un pensiero fisso, una preoccupazione costante, martellante che alla fine si trasforma in malattia, dolore, invecchiamento, morte.

4.3: Stress e paura di morire

Perché ci preoccupiamo? Perché abbiamo troppi elementi nella nostra mente che consideriamo pericolosi per la nostra sopravvivenza, anche quelli che in effetti non lo sono.

Se ci capita, ad esempio, di accusare dei disturbi fisici che non riusciamo a classificare, andiamo quasi tutti dal medico per fare una visita. Se il medico ci dice che non è chiaro cosa c'è e ci ordina una serie di esami di approfondimento, cominciamo a preoccuparci: "Cosa sarà? Sarà forse una di quelle cose brutte?" E se fosse un .... seguono catastrofiche previsioni che sempre hanno a che fare con il rischio di morte. In questa fase molte persone cadono in una profonda angoscia ed anche depressione: si innesca il meccanismo del crollo delle aspettative, visto nella prima parte di questo scritto.

Pensate invece ad un'altra situazione: una persona che sta per esempio attraversando una strada ad un semaforo, con il verde: è tranquillo, sta parlando con i suoi amici, hanno appena passato insieme la serata in un bel locale e si stanno salutando. Lui è contento, felice. Ma all'improvviso, uno dei soliti pazzi ubriachi piomba in auto a velocità folle su quell'incrocio e uccide il malcapitato. Qual è la differenza tra le due situazioni? Il povero pedone è morto, mentre la persona sotto esami medici è ancora viva, con alte probabilità di non avere nulla di grave.

Ciò che cambia però è la loro vita interiore: il pedone è vissuto felice e l'evento che lo ha ucciso non l'ha nemmeno vissuto: felice fino all'ultimo momento. L'altra persona è invece già infelice, angosciata, depressa. La sofferenza le è causata dalla **consapevolezza** che normalmente le persone hanno dei rischi che corrono. La conoscenza dei potenziali rischi fa vivere la persona costantemente nel futuro, nel tentativo di prevedere e precorrere i rischi che devono arrivare.

Così avviene che nell'ansia di pianificare e controllare la propria vita si finisca per perderla, perché si perde la vita momento per momento, la vita che si ha nel presente. Questo modo di vivere sempre preoccupati, in tensione ed in conflitto, produce dunque stress, affaticamento, *invecchiamento.* Paradossalmente invece, chi riesce ad essere più distaccato ed ottimista, chi è più libero dalle preoccupazioni della vita, chi si accontenta più facilmente, chi trova il suo equilibrio interiore, riesce a fare meglio ciò che gli altri si preoccupano in massimo grado di fare, peraltro non riuscendovi: **vivere**.

4.4: Religione e Psicologia

I punti di contatto con il mondo religioso sono anche qui sorprendenti. Frasi evangeliche altrimenti difficilmente comprensibili, appaiono in nuova luce:
"Perché chi vorrà salvare la propria vita, la perderà; ma chi perderà la propria vita per causa mia e del vangelo, la salverà". - **Marco 8:35**
"Per causa mia e del Vangelo". Apparentemente la frase sembra significare che chi perderà la propria vita per professare la fede in Gesù otterrà la vita eterna in paradiso. Questo è il significato più semplice ed intuitivo, *letterale.* Ad un livello più profondo c'è invece un insegnamento esistenziale, spirituale. Il desiderio di salvare la propria vita, di evitare i pericoli e la morte, di accumulare denaro per cautelarsi dai possibili rovesci della vita, produce *attaccamento* alla vita stessa e di conseguenza il viverla in modo ansioso e carico di sofferenza, come

appena spiegato. Chi perderà la propria vita per causa mia, significa che chi sarà stato capace di liberarsi dall'attaccamento alla vita perché ha messo in pratica gli insegnamenti di Gesù, cioè del Vangelo, allora salverà la propria vita (*per conseguenza di questa scelta e di questo cambiamento*).

Il concetto appare paradossale: quanto più ci affanniamo nella vita, quanto più questa tende a diventare complicata e faticosa; quanto più manteniamo un atteggiamento "leggero" e positivo, libero, quasi potessimo pensare di essere indipendenti dalla morte, al di sopra dei problemi della vita, tanto più la vita (almeno quella interiore) diventa piena e felice. Anche qui il Vangelo ci viene a supportare nel parallelismo; si legga questo brano:

"Poi disse ai discepoli: «Per questo io vi dico: Non datevi pensiero per la vostra vita, di quello che mangerete; né per il vostro corpo, come lo vestirete. - La vita vale più del cibo e il corpo più del vestito. Guardate i corvi: non seminano e non mietono, non hanno ripostiglio né granaio, e Dio li nutre. Quanto più degli uccelli voi valete! Chi di voi, per quanto si affanni, può aggiungere un'ora sola alla sua vita? Se dunque non avete potere neanche per la più piccola cosa, perché vi affannate del resto? Guardate i gigli, come crescono: non filano, non tessono: eppure io vi dico che neanche Salomone, con tutta la sua gloria, vestiva come uno di loro. Se dunque Dio veste così l'erba del campo, che oggi c'è e domani si getta nel forno, quanto più voi, gente di poca fede? Non cercate perciò che cosa mangerete e berrete, e non state con l'animo in ansia: di tutte queste cose si preoccupa la gente del mondo; ma il Padre vostro sa che ne avete bisogno. - Cercate piuttosto il regno di Dio, e queste cose vi saranno date in aggiunta. **Luca 12:21- 12:30.** Non è sorprendente? Cosa insegna in realtà il brano del Vangelo? Che non bisogna preoccuparsi dei problemi della vita ma confidare in Dio. Qual è l'esito di un tale atteggiamento, *se messo in pratica*? Se messo in pratica questo atteggiamento nei confronti della vita, comporta un'eccezionale libertà personale, psicologica e spirituale, il raggiungimento di una serenità e tranquillità interiore praticamente inscalfibile, eterna, perché non condizionata.

La nostra convinzione che non esista nulla al di fuori di noi e delle nostre possibilità che ci possa proteggere comporta inevitabilmente che ci accolliamo tutta la responsabilità della nostra vita, ma così facendo ci carichiamo di tutta l'angoscia e lo stress che l'incertezza della vita comporta: la fede, la fiducia, diventa fortemente condizionata dalla *consapevolezza* della vita.

4.5: Fiducia, Fede e Consapevolezza

La forza dell'uomo è dovuta al fatto che attraverso l'intelligenza può aumentare fortemente il suo controllo sulla vita: la possibilità di curare molte malattie, il fatto di poter gestire gran parte delle necessità alimentari e di poter approvvigionarsi di energia in modo costante ha comportato una riduzione dell'ansia legata alla sopravvivenza strettamente intesa.

La sua debolezza è invece dovuta alla sua **paura di poter perdere ciò che ha** e quindi di riprecipitare verso il pericolo.

La consapevolezza consente di "gestire" direttamente alcune situazioni, ma al contempo comporta la conoscenza dei rischi che la vita porta con sé.

La felicità normalmente associata all'età dell'infanzia, è dovuta in buona parte alla inconsapevolezza dei problemi che i casi della vita (e più spesso gli uomini) provocano.

4.5.1: Fede e controllo

Cos'è la fiducia? Avete mai pensato di analizzare come idea/forza il concetto di fiducia? Provate a pensarci. Non è forse vero che la fiducia è l'idea che "comunque alla fine le cose andranno in porto?" Non è forse vero che l'atteggiamento fiducioso prescinde sempre, in una certa misura, dalla considerazione delle difficoltà che si dovranno incontrare? Se la fiducia consegue solo dalla valutazione oggettiva delle difficoltà da affrontare, la fiducia non è neppure più necessaria, sussistendo la conoscenza e consapevolezza che la cosa è superabile.

La fiducia implica sempre una valutazione positiva dell'incertezza che per l'appunto **è** incertezza. In effetti, e in una certa misura, la fiducia è ***immotivata*** .

E non è forse vero che una fiducia immotivata è un atteggiamento che prescinde dalla conoscenza di ciò che è bene e di ciò che è male?

In effetti è chiarissimo che l'angoscia e la paura, lo stress e la tensione, dipendono da ciò che noi vogliamo evitare e che consideriamo *Male,* e dal forte desiderio di raggiungere ciò che riteniamo ci protegga e che chiamiamo *Bene.*

Spesso si sostiene che essere ottimisti produce poi conseguenze positive, quasi che venissero richiamate forze magiche e misteriose che vengono in soccorso della persona ottimista provocando reali conseguenze positive. Quante volte avete sentito questa convinzione? Ci sono centinaia di libri che inneggiano al "think positive", al pensiero positivo.

Avete mai riflettuto che l'ottimismo e la fiducia sono in tendenza "contro consapevolezza"? In realtà nell'atteggiamento ottimistico c'è spesso di fatto una valutazione carente dei rischi delle difficoltà da affrontare, quasi non si volesse prendere con l'adeguato peso il pericolo esistente. Dall'altro lato invece spesso le paure e il pessimismo sono dovuti ad una consapevolezza perfino eccessiva dei rischi che potrebbero trasformarsi in pericoli.

La mancanza di fiducia è dovuta alla **iperconsapevolezza/iperanalisi** dei rischi della vita e, come già visto, l'eccessiva preoccupazione di ciò che può potenzialmente accadere comporta una vita piena di ansia e sofferenza.

La fiducia è normalmente concepita come fiducia nelle proprie risorse, nella propria "buona stella", nella fortuna, e così via; solo nell'accezione e significato religioso, avviene che la fiducia venga riposta in un Altro, che viene chiamato Dio, e viene definita "fede".

La fiducia in sé è una fiducia giocoforza limitata dalla nostra consapevolezza di essere comunque mortali e dalla conoscenza del fatto che dobbiamo fare i conti con le avversità del mondo e degli uomini. Sappiamo cioè che non tutto è possibile, che corriamo il rischio di ammalarci, di essere feriti, di morire, di rimanere vittime di altri uomini e situazioni *al di fuori della nostra capacità di controllo*. In fondo a noi stessi sappiamo che la fiducia che riponiamo in noi stessi è in effetti limitata a ciò che possiamo davvero controllare, e non può andare oltre.

Se invece dovessimo credere che la fiducia è riposta in **qualcosa/qualcuno** che non è limitato nel tempo e nello spazio, che non può essere ucciso e che ha **un potere infinito** che è in grado di intervenire per aiutarci se viene chiamato, che ci rimane vicino sempre e comunque, se credessimo davvero in una **forza/persona** così fatta, quale sarebbe l'effetto sulla nostra percezione della vita?

Ricordate il film Guerre Stellari dove esisteva una non meglio precisata Forza che avvolgeva tutte le cose, le persone e "permeava tutta la galassia"?

Quella Forza era una rappresentazione abbastanza evidente dell'Assoluto e delle sue manifestazioni che nelle diverse tradizioni ha diversi nomi: Shakti, Spirito Santo, Tao come principio divino, Brahma, Allah, Jahvé, Krisna come creatore, ecc.

Cosa avverrebbe se ci si affidasse ad una Forza con queste caratteristiche? Il risultato sarebbe una fiducia, una fede, che andrebbe al di là della fiducia che ognuno di noi può avere nelle proprie capacità e nella propria buona sorte, ma che poggerebbe su qualcosa/qualcuno che non può essere per definizione distrutto, e che non può mai venire meno; una fiducia incondizionata quindi.

Gesù disse: "se aveste fede come un granello di senape potreste dire a quella montagna sradicati e trapiantati in mare e lei lo farebbe". Anche nelle tradizioni orientali si sottolinea che è possibile avere straordinari poteri se si raggiungono elevati livelli spirituali. Così come è risaputo che in tutte le storie dei Santi vi sono anche straordinarie manifestazioni di poteri quali la precognizione, la telepatia, la levitazione, la preveggenza ecc.

Sembrerebbe quindi che la fiducia o se si preferisce la fede, comporterebbe l'acquisizione di facoltà particolari che vanno al di là delle
normali capacità umane.

E quindi il nostro modo di procedere attraverso continue valutazioni di ciò che è bene e male è in effetti la nostra più grande trappola: la nostra anima si divide nella vana ricerca di aderire a ciò che è bene ed avversare ciò che è male, creando continue divisioni e conseguentemente odi.

Ci allontaniamo così da visioni fiduciose e da atteggiamenti fideistici per entrare pesantemente nell'analisi dei dettagli che ci consentono di darci l'illusione di aumentare il controllo sulla nostra vita, e l'angoscia aumenta. Diventa così normale che nonostante si abbia un buon lavoro, buona salute e possibilità di soddisfare quasi ogni desiderio, si viva male, sempre insoddisfatti, preoccupati di perdere anche la più piccola briciola del nostro benessere, nell'inconscio terrorizzati di perdere lo "status" raggiunto.

4.5.2: Buddismo, Monoteismi, verità rivelate

Il Buddismo, che è una religione filosofica non "rivelata" ma definita e sistematizzata attraverso un percorso di crescita personale e spirituale da Siddartha Sakyamuni, suo fondatore, ha individuato nella sete, nel desiderio, la causa della sofferenza.

La sete è, come abbiamo visto, il desiderio in senso lato. Raggiunta l'illuminazione, Siddharta ha individuato che il passo che l'aveva portato alla luce e alla pace incorruttibile era legato alla cessazione del desiderio verso qualsiasi cosa: nel momento in cui la mente cessa di essere occupata da qualche obiettivo, raggiunge naturalmente uno stato di beatitudine.

L'approccio buddista è radicale: la via per giungere alla pace è l'estinzione totale: qualsiasi sete, *occupa la mente, e la lega alla sofferenza.* Questo approccio è radicale perché figlio della speculazione intellettiva: la *conclusione* che ogni sete è dannosa è il risultato che deriva dalla riflessione dell'uomo che si pone il problema: cos'é bene e cos'é male?

Le religioni monoteistiche (Ebraismo, Musulmanesimo, Cristianesimo) non sono filosofie in senso stretto perché non provengono dalla riflessione dell'uomo sul suo procedere mentale e sulla sua costituzione interiore. Nei monoteismi, la verità (o affermata come tale) é rivelata da Dio stesso. Questa caratteristica (vera o falsa che sia) implica che non sia possibile discuterla: o la si accetta o la si rifiuta: é fede, punto e basta. Il problema è quindi tutto spostato sull'analisi della fonte; tutto lo sforzo é nella legittimizzazione o delegittimazione della fonte che afferma di parlare in nome di Dio. Una volta affermata la legittimizzazione della fonte, occorre solo avviarsi ad aderire il più possibile agli insegnamenti della fonte. In queste situazioni ciò che é bene e ciò che é male lo decide il messia, o profeta di turno. Il risultato di questa adesione per fede può essere molto variabile: il profeta o messia é uno che, magari in buona fede, ritiene veramente che Dio gli abbia parlato, e quindi predicherà il messaggio che ritiene debba essere diffuso agli uomini. Ovviamente, nella misura in cui verrà creduto avrà un seguito più o meno vasto, e gli effetti sul mondo degli uomini dipenderanno dalla bontà del messaggio originario e anche da come verrà interpretato dai "discepoli" che diffonderanno dopo di lui il suo insegnamento.

Il problema di fondo con i sistemi monoteistici è che non esiste un approccio per così dire "sperimentale" della bontà di un sistema di fede. La ragione risiede nell'impossibilità oggettiva di poter valutare sulla propria esperienza la veridicità delle affermazioni del Messia, Profeta o Fondatore. Mentre infatti nel Buddismo o nello Yoga i risultati dell'insegnamento sono *in una certa misura* sperimentabili e verificabili, nulla esiste circa la possibilità di misurare razionalmente la veridicità delle affermazioni dell'Ebraismo, del Cristianesimo e del Musulmanesimo. Non ci è dato sapere ad esempio nulla di certo sulla Vita Eterna o sul Paradiso, né tantomeno su come si possa raggiungere il Regno dei Cieli cristiano o i "giardini" musulmani. Tutto ciò che possiamo dire è che Mosè, Gesù, e Maometto hanno fatto certe affermazioni e dato certe norme e che hanno affermato che a fronte di determinati comportamenti, il Creatore di tutte le cose prevede l'accesso per gli uomini ad una "situazione" altamente desiderabile, variamente definita come Paradiso, Giardini, Vita Eterna ecc. ecc.

In verità non c'è nulla di *oggettivo* cioè di controllabile, sperimentabile, che ci garantisca che le cose stanno così. Ciò è così vero che ogni religione ritiene di essere nel giusto e che **di conseguenza** le altre, tutte le altre, sono considerate sbagliate. La figura del Cristo, per esempio, emerge come dotata di attributi divini dai racconti del Vangelo: miracoli, resurrezioni di persone, guarigioni di ciechi, passeggiate sull'acqua, e perfino la propria resurezione dopo la crocifissione, danno un quadro di assoluta eccezionalità della figura di Gesù, portando la Cristianità a definirlo il Messia e il figlio di Dio, il Salvatore dell'umanità. Resta però il fatto che nulla dei fatti eccezionali che raccontano i Vangeli può essere confermato da cenni storici di fonte diversa, che incrocino e si sovrappongano anche parzialmente ai racconti evangelici. Chi non crede nella figura messianica del Cristo, come ad esempio gli Ebrei e i Musulmani, valuta tali racconti come leggende e non fatti.

D'altro canto, anche le gesta di Mosé non hanno riscontri storici, né per i supposti miracoli effettuati nell'esodo dall'Egitto, né per quanto riguarda le vicende che hanno portato poi gli Israeliti in Palestina. Inoltre, a voler essere ancora più drastici, il rapporto diretto con Dio, ascritto con assoluta certezza alla figura di Mosé e di Gesù sono indimostrabili scientificamente. Per chi non è

Cristiano o Ebreo il rango di profeta e messaggero di Dio è indimostrato per entrambi.

Allo stesso modo la figura di Maometto si accredita come l'ultimo e definitivo messaggero di Dio, ma è indubbio che queste sono affermazioni che ci vengono riportate dai suoi successori e che anche se autentiche, sono le parole di Maometto stesso che per così dire si "autolegittima" in questo senso: nulla ci può consentire di provare in qualche modo la verità di simili affermazioni.

Tutti i sistemi monoteistici sono sorretti dal principio di **fede** e non dalla sperimentabilità delle affermazioni fatte e nemmeno, come la filosofia, dalla logica speculativa. L'architrave di un sistema monoteistico è sempre l'autolegittimizzazione o la legittimizzazione postuma del Fondatore da parte dei discepoli.

C'è una considerazione da fare se si vuole essere obiettivi: se esistesse una sola ed unica Verità comunicata da Dio e SE questa fosse divulgata da una delle religioni che attualmente conosciamo, *allora solo quella religione sulla Terra direbbe il vero*. Quindi se per esempio volessimo affermare che il Cristianesimo possiede la verità per intero, allora dovremmo dedurne che tutte le altre sono per lo meno incomplete e quindi false: false sarebbero quindi Ebraismo, Musulmanesimo, Induismo eccetera. Se fosse vero l'Ebraismo invece, dovrebbero essere false tutte le altre e così via. Ma anche volendo scegliere questo approccio assolutista ed esclusivista, rimarrebbe però il problema che i punti di contatto tra le Religioni sono molteplici, con sovrapposizioni marcate, sia in senso morale-etico-comportamentale, che in senso

109

dottrinale, e quindi, volendo prendere per buona una qualsiasi delle religioni, dovremmo trovare ciò che le differenzia, ma, quasi sempre, avviene che le differenze sono differenti, vale a dire che confrontando tra loro ad esempio tre religioni, per alcune cose si accoppiano a due a due e per altre si differenziano.

Per fare un esempio concreto, nel Cristianesimo generalmente si accetta il concetto della Trinità, assolutamente negato da Ebrei e Islamici; allo stesso tempo però, le norme morali e comportamentali del Cristianesimo si sovrappongono a quelle ebraiche nella comune accettazione dei dieci comandamenti. Nell'Islam e ovviamente nel Cristianesimo si riconoscono la centralità delle figure di Maria e di Gesù, totalmente inesistenti nel Ebraismo. Allo stesso modo tutti e tre i monoteismi citati credono nel Giudizio Finale di Dio alla fine dei giorni, ma nel Cristianesimo si accetta l'idea dell'anima immortale che dopo la vita terrena dovrebbe incontrare Dio, Gesù e i Santi nel Paradiso, mentre nell'Ebraismo ciò è assente.

Il discorso potrebbe continuare, ma si entrerebbe nella disamina spicciola da dibattito teologico, e non è questo lo scopo dell'argomento trattato qui.

Quello che qui è invece importante e pertinente far notare è che nei sistemi monoteistici, la struttura della religione è fideistica, posata sulla fede in chi ha detto, o afferma di parlare in nome di Dio. Ciò comporta l'impossibilità teorica e concettuale di poter derogare dalle affermazioni vere o presunte fatte dal Fondatore. In altri termini, chiunque ha fede in una religione, pensa di essere nel Giusto e

110

nel Bene e, *per differenza,* gli "altri" sono in errore, nel "male", prede di "Satana" e così via.

Ciò significa che **a prescindere da chi possa avere più ragione** si sono così determinate le condizioni per l'odio e il male. Dal **concetto** di "essere nel giusto" nasce **l'esigenza** di "affermare ciò che è giusto"; dall'esigenza di affermare ciò che è giusto, si sviluppa lo **scopo** di "diffondere ciò che è giusto"; dallo scopo di diffondere ciò che è giusto, nasce il **desiderio** di raggiungere questo scopo; per soddisfare tale desiderio nasce l'**azione** per raggiungere lo scopo; dall'azione per raggiungere lo scopo nasce il **raggiungimento** dello scopo. Ecco così che anche in questo caso si mettono in moto le sei fasi del desiderio. Le fasi 4 e 5 sono quelle che normalmente impattano con le altre persone e sono quelle che portano le più concrete e spesso negative conseguenze. Come visto nel caso del terzo Reich, dal **concetto di superiorità** della razza ariana, nacque **l'esigenza** di affermare la razza ariana; da questa esigenza nacque **lo scopo** di diffondere la razza ariana; da questo scopo nacque **il desiderio** di raggiungere lo scopo, che originò **l'azione** per raggiungerlo.

Quali siano stati gli effetti di questa azione è tristemente noto al mondo intero.

Ecco quindi che l'albero della conoscenza del Bene e del Male dà frutti che portano alla perdita del Paradiso e alla morte, *inevitabilmente.* L'ancoraggio della mente all'idea di avere ragione produce l'attaccamento e il desiderio di perseguire il *"giusto"* obiettivo.

Paradossalmente, più l'obiettivo è considerato "giusto" (per esempio la salvezza dell'umanità,

111

l'ubbidienza al proprio Dio, la difesa della Patria ecc.) più è potenzialmente negativa e carica di violenze e morte l'azione che ne deriva. Ecco perché nella Bibbia si legge: "Chi è mai l'uomo per esser puro, il nato di donna per esser giusto? **Giobbe 15:14**

e ancora «Chi di voi è senza peccato, scagli per primo la pietra contro di lei». **Giovanni 8:7** e ancora "Uno soltanto è legislatore e giudice, colui che può salvare e perdere; ma tu chi sei, che giudichi il tuo prossimo?" **Giacomo 4:12.**

4.5.3:Interpretazioni letterali ed estensive

Così é estremamente facile ingannarsi su un preteso messaggio di Dio o su un suo messaggero. Nei monoteismi che sono caratterizzati da "verità rivelate" il rischio di prendere lucciole per lanterne è altissimo.

I rischi risiedono sia a livello del messaggero originario, su cui spesso non abbiamo dati certi e incontrovertibili in relazione a ciò che possa davvero aver detto o non detto, né se fosse davvero ispirato dall'Alto, sia a livello dei suoi interpreti che hanno dato magari un'interpretazione distorta delle parole dette dal Fondatore.

Quante guerre e quanto dolore sono stati dati agli uomini in nome di Dio?

Ipotizzando come vera l'esistenza di Dio, davvero vogliamo pensare che il Creatore di tutti gli Universi, delle Galassie, di tutti i Pianeti, di tutti i miliardi di esseri viventi, dalla formica all'uomo, possa chiedere agli uomini di uccidersi e massacrarsi in Suo nome? Ma che idea di Dio è questa?

Ma non é evidente come questa idea di Dio sia troppo, troppo "umana", troppo piena dei difetti e delle imperfezioni tipiche degli esseri umani?

Si prenda ad esempio la norma biblica dell'occhio per occhio, dente per dente.

Se considerata come "parola di Dio" tende ovviamente ad essere concepita come "immodificabile". In realtà la norma può essere interpretata come un insegnamento di vendetta e rivalsa o, viceversa, come norma tesa a **limitare** la rivalsa ad un danno paragonabile a quello subìto, e quindi a non eccedere nella vendetta (ed é l'interpretazione più autentica). Tale equanimità è indice della capacità di operare con giustizia, commisurando la pena alla colpa. Ma se dobbiamo pensare al "perché" la norma tende a limitare l'uso della vendetta, dovremmo chiederci cosa Dio vuole da noi, non vi pare? Allora, se Dio vuole che noi limitiamo al minimo la nostra vendetta, non é forse sensato ipotizzare che Dio (Allah, Javhé, Krisna, Shakti, chiamatelo come preferite) in realtà **non voglia** la violenza né la vendetta?

Nel Vangelo ad esempio si legge: " devi perdonare settanta volte sette" e "se ti percuotono su una guancia tu offri anche l'altra". Apparentemente questo insegnamento é molto diverso da ciò che insegna l'Antico Testamento e quindi si nota un'apparente contraddizione che porta a pensare che una delle due versioni sia obbligatoriamente sbagliata e la conseguenza che se ne deduce è che la Verità (con la maiuscola) non può essere da entrambe le parti. In verità però, se consideriamo

113

l'obiettivo di limitare la violenza al minimo possibile, allora vediamo che entrambi gli insegnamenti, se correttamente interpretati, spingono verso la riduzione della violenza e verso la pacificazione tra gli uomini.

Il messaggio evangelico é per così dire più "radicalmente" non violento. Il ragionamento che sostiene l'insegnamento è che chi attua la violenza si sente disarmato di fronte ad una reazione pacifica come porgere l'altra guancia, e avverte dentro di sé la sua ingiustizia e disumanità, spingendolo a fermarsi e, dalla parte della vittima della violenza, la capacità di non farsi prendere dall'ira indica una superiorità emotiva, spirituale ed etica che lo porta più vicino a Dio. L'insegnamento quindi non spinge a tenere comportamenti di sudditanza e timore, ma al contrario a tenere comportamenti di pace e di resistenza all'ira e alla rivolta. Non sono segni di debolezza, ma di controllo di sé, di padronanza emotiva e di manifestazione del perdono di Dio.

Ecco allora che se questo é vero, se occorre capire *in quale direzione Dio vuole che gli uomini vadano,* é più che logico dedurre che ci sia qualcosa di errato nelle interpretazioni che nei secoli abbiamo dato delle nostre religioni, *tutte* le religioni. In particolare, l'interpretare in modo letterale ed immutabile ciò che è stato detto all'interno di un sistema religioso è pericoloso e fuorviante. Molto più appropriato cercare di capire cosa Dio voglia dagli uomini e *perché* le grandi tradizioni insegnino cose molto simili tra di loro.

E' di tutta evidenza che se avessimo sempre correttamente interpretato i sacri insegnamenti non avremmo avuto la storia che abbiamo avuto.

Si pensi alle guerre: non é forse vero che le guerre sono sempre state dovute a differenti idee su ciò che è giusto e su ciò che è sbagliato? Non é evidente che é qui l'ERRORE?

E' arrivato il momento di cominciare a confrontare le religioni tra loro basandosi sul *significato profondo* degli insegnamenti e non solo sul *significato superficiale apparente.*

Se cominceremo a riflettere *con mente aperta* su quanto in comune vi sia tra i diversi insegnamenti e come le differenze siano più attinenti ai riti esteriori che alla sostanza del messaggio, faremo tutti formidabili passi avanti sulla via della pacifica convivenza e anche sulla via di Dio.

La pretesa dell'uomo di conoscere il Bene e il Male, di avere la capacità di discernere è come visto, arma, a doppio taglio.

L'inevitabile attaccamento che si produce a tutti i livelli verso la propria idea di ciò che è bene, è la fonte della divisione della realtà.

Satana in realtà è propriamente il *Divisore:* colui che produce la divisione.

Il primo peccato di Satana, quando ancora era il più fulgido degli angeli, Lucifero, è stato quello di *voler applicare* la conoscenza: egli si rese conto di *essere come Dio, in effetti di essere parte di Dio stesso e di chiedersi: qual è la differenza tra me e Lui?*

In effetti la constatazione non era sbagliata: la perfezione di Lucifero era tale che la sua fusione

115

con Dio era totale, *ma nel momento in cui se ne rende conto e prende consapevolezza di ciò percependosi come separato dall'Uno, perde la sua innocenza e precipita negli abissi!*

La conoscenza fa perdere l'innocenza, la fede ricostituisce l'innocenza attraverso l'affidamento all'Uno.

Per l'uomo "filosofico" la sola via possibile attraverso la conoscenza, è l'estinzione della sete, perfino della sete di conoscenza: "il contrario della conoscenza è libertà o discepolo"" dice il Buddha.
L'uomo cioè, raggiunta la conoscenza del Bene e del Male, ha solo una via: la fusione con il Divino, il sublime annientamento. Il diventare "colui che è diventato ciò": il Nirvana.

Il messaggio di Satana è invece opposto: tu puoi conoscere il Bene e il Male e quando lo farai sarai come Dio, in realtà tu sei Dio, Dio non è unico, ma ogni essere è Dio, tu sei Dio, non occorre che tu ti sottometta: tu puoi avere l'immortalità e la Sapienza infinita.
E così nasce la divisione, la separazione dall'Uno e la nascita del molteplice.
Satana, in effetti è proprio la forza della divisione, della dicotomia, della differenziazione e conseguente relativizzazione dei valori, della frammentazione in tanti concetti di Bene e Male ognuno diverso come è diverso il punto di vista di chi lo esprime, delle mille verità che sono infine tutte bugie, della moltiplicazione degli Dei, perché ognuno è Dio.

4.6: La religione universale

Allora, se è vero che è proprio la frammentazione del nostro procedere mentale a produrre la moltiplicazione dei concetti di Bene e Male e la molteplicità etica, e visto che l'uomo **non è in grado di rinunciare** al suo giudicare dicotomico, a segmentare la realtà in frammentate caselle di valori, occorre cercare di giungere ad una **_superiore sintesi_** che consenta alle diverse tradizioni di giungere ad una definizione condivisa di valori dalla maggior parte di tutti gli uomini, che consentano di porre **_una base etica comune_** non solo nell'ambito politico come già si sta cercando di fare ad esempio con la definizione dei diritti umani, ma anche **_in ambito religioso_** e quindi culturale.

Solo partendo **tutti** da una seria analisi interna e correlata autocritica di ciò che non va, non quadra, a livello della propria tradizione religiosa, potremo trovare i punti in comune che ci consentono di vedere nelle altre tradizioni i punti positivi ed anche quelli negativi. Se tutti partiamo da ciò che è giusto **per tutti** allora potremo procedere verso una verità condivisa, dove le differenze siano meno importanti dei valori e delle affermazioni comuni.

Una sola è la Verità, e gli uomini ancora non la conoscono, perché se la conoscessero davvero, il mondo sarebbe diverso.

Capitolo 5

La Libertà dal Bene e dal Male

Il problema della consapevolezza

Il momento in cui si diventa consapevoli della propria esistenza è di fatto il momento in cui l'io nasce: prende cioè forma nella mente (e quindi nella realtà della persona, perché la realtà è prima mentale e poi fisica) il concetto di **separazione** e di **identità** (non esiste l'uno senza l'altro). La presa di coscienza dell'**io** implica da un lato, come appena detto, il processo di identificazione che la persona compie (fisica, psicologica e concettuale) e dall'altro il processo di **valorizzazione**, di "scelta". La scelta dell' "io" (nelle sue diverse componenti) rispetto all'"altro", cioè "tu", "lui" "voi", "loro", comporta infatti una scelta delle priorità: nel momento in cui l'io diventa consapevole del suo esistere, immediatamente "realizza" la sua priorità rispetto a tutto il resto, cioè agli altri, a ciò che è esterno; la persona realizza l'esistenza di un soggetto, se stesso, che è il soggetto **più importante** quello su cui esiste il maggior potere di controllo e che più può controllare la persona stessa.

Il processo di "consapevolizzazione" dell'io porta con sé anche l'attaccamento a se stessi: **nessuno e più importante di me stesso;** da ciò nasce poi il desiderio, l'aspirazione dell'io, ad ottenere **il meglio** per se stessi: me stesso sono l'essere che amo più di tutti gli altri esseri. Da tale **presa di coscienza nasce l'attaccamento a se stessi,** che fa nascere il **bisogno**, il desiderio di preservare ciò che abbiamo scoperto: il nostro io. E preservare il nostro io significa prima di tutto preservare la propria sopravvivenza a tutti i livelli.

Primariamente si deve preservare la propria sopravvivenza fisica, poi la propria sopravvivenza psicologica, poi quella delle proprie cose, poi delle persone che consideriamo nostre, cioè parte di noi: i nostri famigliari, il nostro coniuge, i nostri figli. **Tutto è visto in funzione dell'io**: ciò che riteniamo nostro è degno di essere difeso amato, protetto; fosse anche solo la nostra camicia preferita, la nostra auto, la nostra bicicletta. Questo modo di ragionare che nasce dall'io (ego), determina una dicotomia nella mente: ciò che **ritengo** non essere mio, è di altri, non mi appartiene, non ho su di esso il controllo e il potere, e quindi non mi interessa, oppure mi interessa perché voglio che diventi mio anch'esso; da qui nasce l'indifferenza verso ciò che ritengo estraneo oppure il desiderio di ulteriore possesso.

Ciò che qui è importante notare è che questo processo è originato dalla ricerca di elementi di **bene**. La persona che privilegia la valorizzazione dell'io, è spinto da una forza edonistica che lo porta verso il bene: per la persona il bene riguarda se stessa e il mondo a lei prossimo, vale a dire ciò che riconosce come suo. Quando l'etica o la religione ci portano a vedere che il proprio bene può essere male per altri, ecco che nasce il conflitto interiore: si scontrano due esigenze: il perseguimento del proprio bene e l'esigenza avvertita di non voler creare il male al prossimo.

Dalla scelta del proprio bene, cioè la preferenza per ciò che aiuta, avvantaggia, migliora la situazione propria e del proprio gruppo, nascono tutti i concetti di appartenenza, che hanno la funzione di creare armonia all'interno del gruppo e creare una barriera protettiva dall'esterno. Famiglia, azienda, partito, nazione, sono tutti gruppi di appartenenza.

La creazione, effettuata dalla mente, del concetto dell'io e del noi, produce come già spiegato, il conflitto verso l'esterno. Ed ancora una volta il segmentare in tanti frammenti le persone e le idee, produce la molteplicità di concetti di Bene e Male, originate dall'idea che gli uomini siano diversi, perché esiste la convinzione che l'uomo sia separato dall'altro uomo.

Ogni uomo nasce uguale, nudo, indifeso, incapace di parlare e capire, di pensare al bene e al male, bisognoso solo di cure ed affetto. Poi, gli uomini, convinti delle loro Assolute Verità, creano le differenze, le barriere, i muri, che sono esclusivamente creazioni della mente.

Ecco che qui viene in piena luce l'esattezza delle sei fasi del desiderio illustrate nel capitolo 2. L'origine del Male non è nel *desiderio* anche se così potrebbe sembrare, ma è a monte, là dove il concetto si forma, e precisamente quando il concetto assume un *valore etico* e cioè riguarda, tocca, incide, sulle categorie di Bene e Male, provocando inevitabilmente l'inclinazione verso ciò che si reputa Bene, creando e facendo nascere contemporaneamente quindi, come ampiamente spiegato, l'odio, l'avversione al Male.

Ma allora cosa diremo? Che il Bene e il Male non esistono? Che Bene e Male sono uguali? Che ha ragione chi fa il Male?

E ancora: come possiamo dirigere la nostra vita, le nostre scelte, se non ci è data la possibilità di essere giusti, di operare il bene?

Sono formidabili domande, che hanno appassionato generazioni di saggi, guide religiose, maestri, filosofi, psicologi.

E' in effetti il problema base della nostra esistenza, sia che ci professiamo credenti sia che ci professiamo atei, sia anche che affermiamo che non ci interessa l'argomento., perché anche chi non si vuole porre il problema, nella vita di tutti i giorni prende migliaia di decisioni sulla base di ciò che ritiene giusto e sbagliato.

5.1.Al di là del Bene e del Male

E' meglio chiarire subito: non c'è una via d'uscita facile ed indolore. Non esiste un modo di essere e di pensare che ci consenta di vivere senza il problema del Bene e del Male, perché essi esistono nella nostra mente e quindi esistono: non c'è posto più reale della mente, se esiste nella mente, esiste, se non esiste nella mente non esiste.

Cercando però di affrontare il problema, possiamo fissare alcuni paletti che ci possono far delimitare la "zona concettuale" entro cui ricercare una soluzione.

1. Il nascere della categoria bene, fa nascere la categoria male, e quindi il male nasce dall'idea di bene.

122

2. Quanto più riteniamo importante l'idea di *Bene*, tanto più daremo forza all'idea opposta che va inevitabilmente nella categoria di *Male*.

3. Quanto più si diversificano e moltiplicano i concetti di Bene, tanto più saranno diversificati e moltiplicati i concetti di Male, essendo ogni idea di Male l'opposto di ogni idea di Bene. Per fare un esempio concreto, ogni legge che stabilisce il "giusto" comportamento e il comportamento da "sanzionare" introduce inevitabilmente altrettante definizioni di "male": se si afferma che rubare è male, chiunque rubi sarà sottoposto all'avversione della collettività, introducendo nella stessa molta negatività. E' invece nella rimozione delle pulsioni al furto (per esempio la ricerca della ricchezza e del possesso) la via maestra per eliminare i furti. Quanto meno esisterà nella collettività il desiderio di ricchezza e possesso, tanto meno vi saranno furti e la collettività, la società, sarà più ricca di Bene.

4. Quanto più le idee di bene sono <u>condivise</u> quanto più sarà difficile trovare chi potrà dire che le idee opposte a queste sono bene, invece di male.

5. Per trovare idee condivise di bene occorre partire dai <u>principi</u> che incontrano il consenso più ampio: ciò permette di delimitare con chiarezza che le idee opposte sono male: più l'affermazione è condivisa e meglio è, e si riduce la confusione relativa al Bene al Male come indicato al punto 3.

6. Le idee di bene non devono diventare "necessità assolute" "desideri" o peggio "ordini categorici".

Le idee di "bene assoluto" creano per opposizione l'idea di "male assoluto" e quindi chi per sventura sceglie o attua comportamenti che stanno nella categoria del "male assoluto" è soggetto alla più radicale opposizione da parte di chi vuole perseguire il "bene assoluto"

Ecco così che il "male" che è stato così categoricamente "cacciato" dalla porta della ragione e dalle Leggi, rientra come un tornado dalla finestra delle passioni. Questo determina e mantiene nella nostra vita, nel nostro mondo, l'odio verso chi non aderisce alle idee di bene[5].

7. I desideri, intesi come "passioni" non sono mai bene: tutte le "forze mentali" che creano una "dipendenza" un "non poterne fare a meno", sono processi di pensiero da inserire nella categoria "male", perché limitano la nostra libertà di scelta. La libertà non è mai "fare ciò che si vuole" (pensando in realtà: "ciò che si desidera"), ma *essere in grado di non fare* ciò che *desideriamo* fare e/o essere in grado di fare ciò che abbiamo paura di fare.

8. La ricerca della felicità interiore deve andare nel senso della "incondizionabilità". Quanto più l'equilibrio di una persona, gruppo, nazione, non dipende da fattori esterni ed esteriori, ma dallo stato interno ed interiore delle persone, tanto più si è liberi dalle passioni, e tanto più bene c'è nella persona, gruppo, nazione.

---

questo è il problema di tutti gli estremismi, moralismi, nazionalismi, massimalismi, perfezionismi, giustizialismi. In definitiva di tutti gli atteggiamenti rigidi "dalla parte del bene[5]

Già ponendo questi "paletti concettuali" possiamo determinare un'area, un perimetro, entro cui muoverci per giungere a sintesi comuni. Il più importante di questi paletti è il punto 6. Questo punto è al centro di molte tradizioni religiose ed anche acquisito dalle moderne scuole psicoterapeutiche e psicoanalitiche.

5.2. Il perdono nella religione e nella psicologia

Come molti di voi sapranno, all'interno della religione Cristiana, sia Cattolica sia Protestante, sia Ortodossa, ci sono due concetti di fondo:

- Il comandamento di amare il prossimo
- Il comandamento di amare Dio

Il primo comandamento è stato esplicato, illustrato, da Gesù Cristo con molteplici esempi. Il centro dell'accusa agli Ebrei e in generale agli uomini del suo tempo, ma ovviamente valido in ogni tempo, e ancor più oggi, era che essi avevano "il cuore indurito" e che il principale ostacolo al "Regno dei Cieli" era la pretesa di molti Ebrei e dei Farisei in particolare, di ritenersi "giusti". Famosa è al riguardo la parabola del fariseo e del pubblicano, entrambi nel tempio a pregare. Il primo si trova in prima fila e prega così:

"O Dio, ti ringrazio che io non sono come gli altri uomini, ladri, ingiusti, adulteri; neppure come questo pubblicano. Io digiuno due volte la settimana; pago la decima su tutto quello che possiedo".

Ma il pubblicano se ne stava a distanza e non osava neppure alzare gli occhi al cielo; ma si batteva il petto, dicendo: "O Dio, abbi pietà di me, peccatore!"

Io vi dico che questo tornò a casa sua giustificato, piuttosto che quello; perché chiunque s'innalza sarà abbassato; ma chi si abbassa sarà innalzato»." (**Luca 18:11 – 18:14**)

Il cuore indurito, per usare l'espressione evangelica, è causato dalla non accettazione interiore di qualcosa. Ci si indurisce quando non si vuole accettare qualcosa che urge alla nostra mente, che chiede di essere riconosciuta ed accettata, ma noi dall'interno opponiamo resistenza, e non la facciamo entrare: il "cuore" della nostra personalità, della nostra anima, si indurisce, appunto, per difendersi da un attacco esterno. L'indurimento, l'irrigidimento si direbbe oggi, è ancora più forte se riteniamo *di essere nel giusto, di avere ragione.*

Il concetto di "amare il prossimo" cozza violentemente con il concetto di avere ragione. Nel momento in cui riteniamo di avere ragione, manifestare positività, apertura, attenzione, verso chi la pensa diversamente da noi, e quindi per logica, **ha torto,** risulta inaccettabile ed anche incoerente, illogico, senza senso. Certo, si può amare il prossimo abbastanza facilmente se è omogeneo a noi, se ha gli stessi valori, se crede nelle stesse cose, se sta dalla nostra stessa parte, ma in questo caso non amiamo il prossimo ma in definitiva amiamo una proiezione di noi stessi; è per così dire, un egoismo traslato su un nostro clone.

Il perdono è viceversa la chiave o meglio l'architrave del Cristianesimo. Perché il perdono? Perché è il passaggio mentale-spirituale più ardito e vertiginoso che esista e va diritto al cuore del problema del bene e del male. Il perdono è necessario solo quando si è ricevuto un torto, una violenza diretta, senza equivoci. Può perdonare solo chi ha, fortissimamente ha, **ragione.** E dall'alto del suo avere ragione, sorpassa, supera, disintegra il suo indurimento, irrigidimento, e concede a chi ha torto *il perdono.* Come gli eruditi, i saggi ed anche la classe sacerdotale sanno bene, "perdono" vuol dire grande, grandissimo, iper-dono, cioè immeritato, non guadagnato. Attraverso l'etica del perdono, Gesù supera l'etica del Bene e del Male, ne supera le categorie concettuali e i conseguenti attaccamenti passionali ed emotivi. Non a caso, in altri passi evangelici si afferma "nessuno è giusto davanti a Dio" e quindi nessun uomo può pensare di guadagnarsi la vita eterna: anche il "regno dei Cieli" è un dono immeritato.

L'amare Dio è invece l'architrave del monoteismo e la sua "funzione" nello sviluppo psicologico e spirituale, esula, data la vastità e complessità dell'argomento, dall'obiettivo di questo lavoro. Solo tangenzialmente qui ricordiamo quanto già esposto al capitolo 4 sulla funzione della fede.

5.2.2 Il perdono nella psicologia

Anche la psicologia e le psicoterapie "lavorano" moltissimo sul concetto di perdono, anche se a livello di linguaggio, i concetti vengono espressi con termini più scientifici e tipici della disciplina.

In psicologia si parla di "superamento dei vissuti", di "rielaborazione del conflitto" di "accettazione di sé e degli altri" di "superamento edipico" di "ristrutturazione del subconscio", di "gestione del transfert". Sono tutte espressioni che indicano la necessità per il paziente della psicoterapia o della psicoanalisi di affrontare le aree di sofferenza interna, viverle e risolverle attraverso l'accettazione e poi il superamento. E così sono "superamento dei vissuti" "rielaborazione del conflitto" "accettazione di sé e degli altri" "superamento edipico" "ristrutturazione del subconscio" le capacità del paziente di prendere coscienza, per esempio, dell'odio subconscio che ha assorbito nell'ambito famigliare, in seguito a torti veri o presunti, subiti nei primi anni di vita, che non gli consentono, oggi, di instaurare positivi rapporti con il prossimo. Il superamento di questi conflitti passa necessariamente attraverso un "perdono" verso i responsabili (veri o presunti) di queste sofferenze, perché fino a quando non si arriva a "perdonare" i torti subiti, non si possono rimuovere i sentimenti, le emozioni, le energie negative a questi collegate.

La psicoanalisi, in effetti, ha dato un grosso contributo alla comprensione delle dinamiche emotive e alla comprensione stessa degli insegnamenti religiosi, dando *contenuto oggettivo e scientifico* agli insegnamenti tradizionali. Se si osserva con un minimo di attenzione cosa la psicologia insegna sull'educazione dei bambini e sui comportamenti tra gli adulti, vedremo che non si discostano granché dagli insegnamenti tradizionali delle etiche religiose più avanzate.

Nella parabola, per esempio, del "figlio prodigo" (Vangelo di Luca 15:11 – 15:20) viene posta in

128

evidenza la capacità di perdono di un padre che vede tornare, dopo anni di assenza, il figlio che ha dilapidato la sua parte di eredità e, per la gioia, decide di far festa per il suo ritorno. L'altro figlio, da sempre con il padre, si risente di tanta benevolenza verso la "pecora nera" della famiglia. Anche qui, agli occhi dello psicoterapeuta, vi è un "vissuto conflittuale" del fratello fedele al padre, che giudica "ingiusto" il trattamento verso il fratello, evidenziando un conflitto tra i fratelli per l'affetto del padre, tipico di molte famiglie. In questo caso lo sforzo dello psicoterapeuta sarebbe nel far "realizzare" che nel comportamento del padre c'è solo amore per il figlio ritrovato e non diversità di affetto, e che la chiave per il superamento del conflitto è nell'accettazione del fatto che non si può pretendere l'esclusività dell'amore paterno, perché sarebbe egoistico e soprattutto ingiusto verso gli altri figli.

La parabola ha ovviamente l'obiettivo di insegnare che l'amore di Dio è per tutti gli uomini, anche per i peccatori (anche qui viene sottolineata l'impossibilità di guadagnarsi l'amore di Dio attraverso i propri comportamenti "giusti", ma, viceversa esso è dato a chiunque lo chieda), ma al contempo è un grande insegnamento "psicologico" su come si debbano intendere i rapporti all'interno di una famiglia e di una comunità.

Un altro passo importante per i contenuti fortemente psicologici, legati al concetto del perdono, espressi nei Vangeli è il passo della prostituta Maddalena che profuma i piedi di Gesù con l'unguento profumato

Il passo è il seguente:

Uno dei farisei lo invitò a pranzo; ed egli, entrato in casa del fariseo, si mise a tavola. Ed

ecco, una donna che era in quella città, una peccatrice, saputo che egli era a tavola in casa del fariseo, portò un vaso di alabastro pieno di olio profumato; e, stando ai piedi di lui, di dietro, piangendo, cominciò a rigargli di lacrime i piedi; e li asciugava con i suoi capelli; e gli baciava e ribaciava i piedi e li ungeva con l'olio.

Il fariseo che lo aveva invitato, veduto ciò, disse fra sé: «Costui, se fosse profeta, saprebbe che donna è questa che lo tocca; perché è una peccatrice».

E Gesù, rispondendo gli disse: «Simone, ho qualcosa da dirti».

Ed egli: «Maestro, di' pure».

«Un creditore aveva due debitori; l'uno gli doveva cinquecento denari e l'altro cinquanta. E poiché non avevano di che pagare condonò il debito a tutti e due. Chi di loro dunque lo amerà di più?»

Simone rispose: «Ritengo sia colui al quale ha condonato di più».

Gesù gli disse: «Hai giudicato rettamente».

E, voltatosi verso la donna, disse a Simone: «Vedi questa donna? Io sono entrato in casa tua, e tu non mi hai dato dell'acqua per i piedi; ma lei mi ha rigato i piedi di lacrime e li ha asciugati con i suoi capelli. Tu non mi hai dato un bacio; ma lei, da quando sono entrato, non ha smesso di baciarmi i piedi. Tu non mi hai versato l'olio sul capo; ma lei mi ha cosparso di profumo i piedi. Perciò, io ti dico: i suoi molti peccati le sono perdonati, perché ha molto amato; ma colui a cui poco è perdonato, poco ama». (Luca 7:36-7:47)

Osservate con attenzione: il fariseo fa notare che un profeta non dovrebbe farsi toccare da una peccatrice, per giunta prostituta, suggerendo l'idea che chi è "giusto" secondo le leggi religiose, non deve essere contiguo, vicino, *prossimo,* al peccatore, essenzialmente per non "corrompersi" anche lui. L'idea suggerita dal fariseo è che si debba stare lontano dal peccato, perché esso è da evitare (è **male**!). Accenniamo qui solo superficialmente che tale atteggiamento sia essenzialmente dettato dalla *paura* di perdere un certo status (di purezza, giustizia ecc.). Gesu' ancora una volta, come in quasi tutte le pagine del Vangelo, sovverte il senso comune e ribalta la logica, facendo riflettere su quanto sia profondo il pentimento della donna e quanto sia più grande il perdono che gli debba essere dato (un grande torto necessita di un grande perdono, un piccolo torto, a volte, non richiede nemmeno il perdono perché non necessario). Inoltre aggiunge un parallelismo: l'ampiezza del pentimento chiede, chiama, *impone* il perdono, e più è grande il peccato, più deve essere grande il pentimento; più è grande il pentimento, più deve essere grande il perdono.

Nella analisi dei vissuti psicologici, queste dinamiche emergono con frequenza: là dove il paziente ha vissuto grandi sofferenze e traumi, dovuti per esempio ad un cattivo influsso genitoriale, deve, se vuole recuperare uno stato psichico positivo e costruttivo, riuscire a "superare" interiormente, risolvendole, le sofferenze patite, e quindi, più grande è stata la sofferenza accumulata, più grande deve essere *necessariamente* la capacità del paziente di perdonare interiormente gli autori delle sofferenze, perché fino a quando i torti non vengono perdonati, le sofferenze permangono, in quanto sono esse stesse la manifestazione delle negatività presenti nella psiche.

Allo stesso modo, chi ha fatto soffrire, deve arrivare al pentimento degli atti compiuti se vuole "liberarsi" del "peccato" della "colpa" di cui si è caricato. Anche qui ciò non è tanto dovuto alle relazioni esterne, al bisogno di "riappacificarsi" con la comunità o la società, quanto alla risoluzioni delle dinamiche interiori: chi non si pente del dolore volutamente arrecato, *non riconosce l'erroneità delle spinte psichiche che lo hanno portato a quei comportamenti, ma al contrario, ritiene che il comportamento tenuto fosse giusto e quindi ritiene esistano condizioni che rendano* **giusto** (attenzione, *giusto*, <u>non</u> *comprensibile o perdonabile*) il portare sofferenze agli altri. Se esiste un'etica così strutturata, il Male è ancora presente e al contempo *nascosto sotto la parvenza di giustizia*, perché esiste la possibilità di concepire come *giustizia*, l'infliggere scientemente dolore.

A questo riguardo è importante notare che il Male qui non è espresso come giudizio etico su un comportamento, ma come l'osservazione "neutra" del permanere della sofferenza. Il Bene assoluto è assenza di sofferenza. La presenza di sofferenza è Male e ciò è tanto più evidente se si pensa che in tutte le religioni il premio della virtù è il Paradiso, seppur con diversi nomi, dove, chiaramente, la sofferenza non esiste ed anzi è presente la gioia più piena.

5.3. Amore e albero della conoscenza

Come ricordato prima, il più famoso dei comandamenti è "amare il prossimo". Abbiamo visto che il perdono è una delle manifestazioni dell'amore per il prossimo, proprio perché va a "iper-donare" un torto subìto e a ripristinare un rapporto interrotto da un grave atto. Cos'è l'amore in se stesso? Ve lo siete mai chiesto? Che cosa fa sì che una persona possa amare o essere amorevole?

O meglio, che cosa fa sì che non si sia capace di essere amorevoli?

Se abbiamo qualche anno sulle spalle e un po' di capacità di guardarci dentro, sappiamo che l'amore è prima di tutto una questione di fiducia. In generale quando siamo fiduciosi, siamo anche di buon umore e tendenzialmente anche ben disposti. Nell'amore di coppia, ad esempio, sappiamo che la fiducia reciproca è un buon carburante. Fiducia vuol dire "poter contare sugli altri" e anche "aspettarsi dagli altri cose positive" Se poi la fiducia è per così dire *indeterminata,* non legata specificamente a comportamenti di altre persone, la definiamo generalmente ottimismo.

Viceversa, se pensiamo alla sfiducia, cioè "all'aspettarsi dagli altri cose negative" o anche generalmente avere una sfiducia *indeterminata,* parliamo generalmente di pessimismo. Ora è di tutta evidenza che se il nostro atteggiamento verso il prossimo e verso la vita in generale è sfiduciato e pessimista, ciò significa che abbiamo una visione negativa del mondo in cui viviamo. Questa visione può anche essere perfettamente realistica, ma non di meno dà a chi la condivide una percezione negativa e dolorosa del mondo. Se la nostra visione del mondo e del prossimo è negativa, essere di buon umore è cosa molto più ardua che non quando la nostra percezione del mondo e degli altri è positiva. Per poter essere di buon umore con una visione negativa della vita, occorre necessariamente trovare fuori dal mondo e dal rapporto con gli altri ispirazione e ragioni per essere di buon umore. Normalmente ciò può avvenire chiudendosi in se stessi e coltivando propri specifici interessi. Quello che però è certo è che se abbiamo una visione negativa del prossimo, è più difficile amarlo. Se invece siamo fiduciosi, allora ci è più facile sentirci vicini agli altri. Questo modo di essere e percepire il mondo è molto evidente nei bambini. I bambini sono normalmente fiduciosi ed aperti ed amano con facilità perché alla base non hanno avuto molte esperienze negative con il prossimo; non sanno che il prossimo può fare soffrire sia psicologicamente che fisicamente. Quando poi le brutte esperienze si manifestano ecco che inizia la diffidenza e la chiusura. Amare diventa più difficile, è diventato rischioso fidarsi. E' molto più sicuro, positivo, proteggersi.

Amare il prossimo è cosa difficile perché sappiamo che non ci possiamo fidare più di tanto e sappiamo che amare vuol dire fidarsi, aprirsi, dare credito, contare su qualcuno, *correndo il rischio di essere traditi e delusi.* Viceversa il bambino non fa fatica perché ancora non ha questa *consapevolezza* del mondo e degli altri.

Anche la fede in Dio è della stessa natura. E' difficile avere fede in qualcosa/qualcuno che non vediamo, che non siamo nemmeno sicuri che esista e non sappiamo nemmeno se, ammesso che esista, possa operare per noi, difenderci, curarsi di noi come farebbero un padre o una madre. Meglio, molto meglio, cercare di tenere sotto controllo la nostra vita; studiare la situazione, verificare i rischi ed evitarli, fare tutto di testa nostra: almeno, un po' di noi stessi ci possiamo fidare, no?

E cosa c'entra tutto questo con il peccato originale? C'entra eccome. Infatti la sfiducia da cosa nasce? Non nasce, come visto, da esperienze negative che ci fanno ritrarre in noi stessi? Ma l'esperienza negativa è frutto della nostra visione della vita. Possiamo essere delusi dalla vita quando le nostre aspettative vengono deluse, ma le nostre aspettative sono i nostri concetti di bene e male: è in base a questi ultimi che strutturiamo i nostri valori e incaselliamo gli eventi. Se siamo stati abbandonati o non corrisposti da chi amavamo, ciò non significa che quella persona abbia davvero fatto qualcosa di male. Aveva semplicemente desideri ed aspettative che noi non eravamo in grado di soddisfare in quel momento, indipendentemente dal nostro valore. E' solo per così dire un mancato incastro di aspettative, di anime, di personalità.

Sono solo differenti concetti di ciò che sia desiderabile e in definitiva di ciò che sia bene e male.

In parole più semplici, tutto ciò con cui noi entriamo in conflitto perché lo bramiamo (e quindi per averlo facciamo tutto il possibile, entrando in tensione per raggiungerlo) o lo rifuggiamo (e quindi facciamo di tutto per evitarlo, sfuggirlo), ci provoca sofferenza.

Tutto ciò che desideriamo lo desideriamo perché lo consideriamo Bene.

Tutto ciò che non desideriamo, non lo desideriamo perché lo consideriamo Male.

L'amore è figlio della fiducia e la fiducia in Dio è la Fede.

La fede è l'antidoto alla sfiducia negli uomini che deriva dalle cattive esperienze della vita e dalla consapevolezza della pericolosità e falsità degli uomini, perché con la fede ci si affida ad un protettore e giudice che è in grado di proteggere il fedele dalla malvagità degli uomini e del mondo. E così che si giunge ad uno stato mentale difficilmente scalfibile. Le eventuali negatività della vita e i comportamenti negativi degli uomini vengono interpretati come attività del Male, che Dio lascia agire nel mondo, per consentire di "misurare" la fede del credente per forgiarla a divenire forte ed inscalfibile[6] Ecco così che il giudizio su ciò che è bene e ciò che è male (e il conseguente attaccamento all'idea di bene) viene lasciato ad un Altro *che provvederà nel giorno del giudizio,* e si esce dalla trappola[7].

---

[6] Dal libro di Giobbe: Un giorno i figli di Dio vennero a presentarsi davanti al SIGNORE, e Satana venne anch'egli in mezzo a loro.
Il SIGNORE disse a Satana: «Da dove vieni?» Satana rispose al SIGNORE: «Dal percorrere la terra e dal passeggiare per essa».
Il SIGNORE disse a Satana: «Hai notato il mio servo Giobbe? Non ce n'è un altro sulla terra che come lui sia integro, retto, tema Dio e fugga il male». Satana rispose al SIGNORE: «È forse per nulla che Giobbe teme Dio?
Non l'hai forse circondato di un riparo, lui, la sua casa, e tutto quel che possiede? Tu hai benedetto l'opera delle sue mani e il suo bestiame ricopre tutto il paese. Ma stendi un po' la tua mano, tocca quanto egli possiede, e vedrai se non ti rinnega in faccia».
Il SIGNORE disse a Satana: «Ebbene, tutto quello che possiede è in tuo potere; soltanto, non stender la mano sulla sua persona». E Satana si ritirò dalla presenza del SIGNORE. **Giobbe 1:6 – 1:12**

[7] Non rendete a nessuno male per male. Impegnatevi a fare il bene davanti a tutti gli uomini. Se è possibile, per quanto dipende da voi, vivete in pace con tutti gli uomini.

Il "rovesciamento" del significato del Male da male da osteggiare a male da accettare perché strumento della prova di Dio ha proprio la funzione di scardinare il nostro attaccamento ai concetti di Bene e Male e di spostare il nostro punto di vista. Come si può vedere abbastanza facilmente, l'effetto di questi insegnamenti è di portare la persona che li mette in pratica, verso uno stato mentale/spirituale positivo e fiducioso, felice, a prescindere dalle condizioni esterne. Ed è abbastanza evidente che per essere nelle condizioni di amare, occorre comunque essere in uno stato d'animo pacifico e sereno, prima di tutto con se stessi, e quindi, almeno in buona misura, essere al di sopra delle sofferenze della vita. E per riuscirci occorre, si potrebbe dire con il Buddismo, estinguere la sete del desiderio, soprattutto il desiderio di essere conoscitori e giudici di ciò che è bene e male.

Non fate le vostre vendette, miei cari, ma cedete il posto all'ira di Dio;
poiché sta scritto: «*A me la vendetta; io darò la retribuzione*», dice il Signore
Romani 12:17 – 12:19

Conclusioni

La ricerca della causa della sofferenza nel mondo e del male è stato oggetto di sforzi nei secoli. Come visto nel capitolo 2, molte buone spiegazioni sono state date: la sete di potere, le lotta per la sopravvivenza, l'istinto di distruzione, la sete in senso buddista, la presenza di Satana, e così via.

Il punto fondamentale, però, per qualche strana ragione, non è mai stato individuato con precisione, nonostante che fosse chiaramente espresso nel libro della Genesi. Lo stesso Cristianesimo ha sostenuto che si trattava di una disobbedienza a Dio e della conseguente punizione. C'è anche chi si è perso (letteralmente si dovrebbe dire) in ricerche storico-botaniche per individuare con precisione quale frutto Adamo ed Eva avessero mangiato se una mela, un fico o chissà che altro. C'è anche chi ha individuato nel sesso il fatidico peccato originale, suggestionato dalla forza dell'istinto sessuale, eletto a Male universale.

Credo di aver dato ai lettori che hanno avuto la pazienza di seguirmi fino a queste righe, elementi sufficienti per dimostrare che il peccato originale in realtà é un "peccato" tutto interno al nostro modo di essere uomini, al nostro modo di usare la mente, allo stesso nostro modo di concettualizzare il bene e il male, allo stesso nostro modo di concepire noi stessi.

Spero che quello che avete letto sia stato, o sarà presto, in grado di farvi comprendere **fino a che**

punto noi stessi siamo la causa delle nostre sofferenze e come tutto in definiva origini dalla nostra mente.

Nelle nostre mani è il nostro futuro materiale e spirituale, ma, paradossalmente, la nostra salvezza dipende da quanto noi sapremo rinunciare alla nostra pretesa di essere il centro di noi stessi. Potremo giungere al Bene se e soltanto se sapremo rinunciare al desiderio di raggiungerlo o peggio alla pretesa di conoscerlo e praticarlo. La porta che conduce alla vera libertà è davvero stretta sia dal punto di vista "spirituale" sia dal punto di vista storico, e ogni anno che passa sulla terra, vede questa porta stringersi sempre di più.

Troppe, davvero troppe, sono le false certezze sparse nel mondo circa ciò che è giusto e sbagliato. Troppi sono i popoli, gruppi, le nazioni e le religioni e le singole persone che pretendono di avere la verità in tasca e che la vogliono imporre agli altri.

Dobbiamo dialogare a fondo, analizzare, confrontare, discutere e riconoscere i punti di vista diversi e i vizi dei nostri punti di vista, cercare le sintesi possibili, necessarie ed utili e *fare le rinunce necessarie alla pace* interiore ed esteriore.

E' doveroso ripeterlo, a costo di essere noiosi e ripetitivi: i problemi nascono dalle differenti idee che abbiamo all'interno della comunità umana, su ciò che é bene e ciò che é male. Questa contrapposizione è la madre di tutti i conflitti. Se sapremo tenere a mente questo e cercheremo di conseguenza il dialogo, avremo speranza e futuro, altrimenti..........

Elitheo Carrani

www.ingramcontent.com/pod-product-compliance
Lightning Source LLC
Chambersburg PA
CBHW072003060426
42446CB00042B/1809